国学梯级公开课

2

摩罗
×
杨帆
编著

江苏凤凰文艺出版社
JIANGSU PHOENIX LITERATURE AND
ART PUBLISHING, LTD

图书在版编目（CIP）数据

国学梯级公开课. 2 / 摩罗，杨帆编著. — 南京：江苏凤凰文艺出版社，2019.6

ISBN 978-7-5594-3290-2

Ⅰ. ①国… Ⅱ. ①摩… ②杨… Ⅲ. ①国学－通俗读物 Ⅳ. ①Z126-49

中国版本图书馆CIP数据核字(2019)第019729号

书　　名	国学梯级公开课 2
编　　著	摩　罗　杨　帆
责任编辑	孙金荣
特约编辑	麦文想
责任校对	孔智敏
封面设计	金牍文化·车球
出版发行	江苏凤凰文艺出版社
出版社地址	南京市中央路165号，邮编：210009
出版社网址	http://www.jswenyi.com
印　　刷	三河市金元印装有限公司
开　　本	880毫米×1230毫米　1/32
印　　张	8
字　　数	165千字
版　　次	2019年6月第1版　2019年6月第1次印刷
标准书号	ISBN　978-7-5594-3290-2
定　　价	38.00元

《国学梯级公开课》编辑思路和学习建议

一、总目标

《国学梯级公开课》（全称《国学梯级公开课：经史子集分梯分级文言文教材》），是一部学习文言文和传统文化经典的教材。传统文化的主要经典，均以文言文形式书写。不学习文言文，就无法学习传统经典；只要学习传统经典，就一定是在学习文言文。

文言文是古代书面语，与今天流行的白话文书面语，差异很大。从夏商到清末民初，文言文经过几千年的发展和流变。传承至今的文献，其难易程度也差异很大。学习文言文必须经历从易到难的过程，一步步拾级而上，最后阅读任何古代文献都不会有语言障碍。

前几年，我们应邀在经崖书院给初中孩子讲古文，以《古文观止》为教材。教学中渐渐意识到，《古文观止》对今天的习者来说，尚有一些不适合之处。比如，其选文集中于儒家一脉，对其他各家各派基本不拣选。至于那些集中体现华夏先民宇宙观、世界观、人生观的思想性、哲学性作品，似乎视而不见。此外，它具有较多文人趣味，常常沉溺于游山玩水、吟风弄月。要想系统地学习传统文化，就得开掘更广阔的教学资源，就得有更加中正精良的教材。

《国学梯级公开课》，即顺应习者此一需求而编撰。其编辑思路、选文标准，都体现了从低到高、由易而难的特点。只要按照要求认真学习，学完第一级，习者的文言文水平就可达到第一级。以此类推。

《国学梯级公开课》，共分3梯18级。以初中文化程度为起点，学完18级，可以较为方便地阅读各个历史时期的经典。

3梯为：及门梯、登堂梯、入室梯。每梯各有6级，每级1册，共有18册。

概括起来，本书有如下6个特征：

1.语言性：文言文教材。

2.文化性：传统文化教材。

3.经典性：传统经典教材。

4.故事性：魅力教材。

5.写作性：写作教材。

6.梯级性：拾级而上教材。

二、各梯级目标

一般古文选本，都是从远古到近代编选，《国学梯级公开课》则是从近代到远古的逆行编法，由易而难，层层推进。

及门梯1—6级，除经部外，重点编选元明清时期文章。认真学完及门梯6级教材，可以较好地阅读元明清时期的散文、游记、小说、书信、政论、奏折、史书等。

登堂梯7—12级，除经部外，重点编选魏晋唐宋时期文章。认真学完登堂梯6级教材，可以较轻松地阅读唐宋的作品，借助简单注释就能看懂魏晋的作品。

入室梯13—18 级，重点编选《尚书》及秦汉文章。认真学完入室梯6级教材，可以较轻松地阅读秦汉时期作品，借助简单注释就能读通先秦文献。

这3梯18级，习者不但学习语言，也学习大量文化知识和历史知识，能由此深入传统文化堂奥，洞悉传统文化真髓。

三、选文特点

经、史、子、集，是中国古人对浩瀚文献的分类方法，名曰四部。《国学梯级公开课》按照古人的分类方法（但也有所变通），引导习者一步步进入古人创造的传统文化堂奥，是最好的捷径。本编每级教材都按集、经、史、子顺序排列。因为集部文献浅易生动，习者容易进入。

集部

《国学梯级公开课》把今天所谓文学作品，诸如散文、小说，都归入集部。3梯18级的集部连缀起来，也可以看作是一部由近及远、逆向编选的简单文学选本。

经部

《国学阶梯公开课》按照唐宋形成的“十三经”体系，从中节选合适的篇章作为经部课文。“十三经”在语言上的难易程度，差别甚大。本编基本上按照从易到难原则编选。

史部

史部选文最为特殊，每级5篇课文，其中3篇《史记》故事选段，1篇《资治通鉴》故事选段，1篇其他文章。先秦典籍都是经过汉代整理然后流传，故可说华夏书面语到汉代才最后成熟和定型。《史记》正好是汉代最辉煌的作品，代表了汉语的成熟与定型。学好了《史记》，也就学好了古代汉语。

子部

先秦的诸子百家，汉以后凡是著书立说，阐发天地大道、人生奥义和治国谋略的著述，都归入子部。

四、课文模式

《国学梯级公开课》每级一册，每册20课，经、史、子、集各5课。每课以主课文为核心，加以注释、解读与阐发。每课由9项内容组成。现将其中主要板块的特点介绍如下。

【人物故事】介绍课文作者，或课文中提到的重要人物。介绍时常常带出该人物主要经历、思想、成就和历史影响。

【主课文】这是全书的核心。学习这些课文，就是触摸中国传统文化。

【参考译文】希望习者尽量不看译文，仅在对原文意旨拿不准时，查阅译文作为参考。

【赏析与写作指导】赏析是对文章特别精彩之处予以解读，以深化习者对课文的理解。如果阅读每一篇经典时，都能有意识地体会其感情态度、篇章结构、语言艺术，我们的写作水平一定会逐步提高。

【延伸知识】延伸知识大多是介绍与主课文内容直接或间接相关的文化知识。

【副课文】增加副课文，主要是为了扩大习者的文言文阅读量。学习一种语言，阅读量越大，进步就越快。多年以来，中学语文教材中的文言文课文，每学期两个单元大约 6 课，平均每课约 400 字，一学期 2000 多字，初高中 12 个学期才学不到 3 万字，频率如此低，阅读量如此小，所以高中毕业之后，基本上没有阅读文言文的能力。

【思考与训练】思考题一般都是引导读者在主课文或副课文内容的激发下，展开人文思考。训练题主要是将文言文翻译为白话文的练习。

《国学梯级公开课》，平均每课（主课文加副课文）有文言文原典 1000—2000 字，18 册共有文言文原典约 54 万字，是中学教材中文言文原典的 19 倍。有了这样的学习频率、强度和阅读量，才能真正具备文言文阅读能力。

五、学习建议

【习者范围】这是一套在课堂上讲出来的文言文读本，特别接地气。初中生可在老师辅导下学习此书，高中生、大学生和上班族可独立自学此书。

【学习频率】无论上学族还是上班族，学习和工作压力不大者，可以每周学习两课，压力较大者，可以每周学习一课。如果利用假期集中学习，则可每天学习一课。

【学习核心】背诵主课文，阅读副课文及其所属的书。学习语言，最好的方式就是背诵和广泛阅读。

【诵读与背诵】阅读能得文章之故事与观点，诵读能得文章之深旨和神韵，背诵则能终身受益于文章之义理与力量。诵读和背诵，尤其适合自学文言文经典者。

摩罗 杨帆

序　言

《国学梯级公开课》及门梯第2级之集部、子部，主要选编明清两代文章。选文作者，既照顾到声名显赫的大师巨匠，如刘伯温、郑板桥、吴承恩、方孝孺、戚继光、宋应星、张之洞等，也有今天影响不太大，但是文章的确精彩、品行或事功的确震撼人心的人物，如戴名世、虞集等。虞集是元代人，像明代刘伯温一样享有国师之尊。他的文章语言质朴简易，不做作，不摆架子，比许多清代文章还通俗易懂，编者曾为此惊讶不已。清初作家戴名世，是方苞的老师，被尊为桐城派先驱。今日之影响，远不如方苞、姚鼐、刘大櫆那么大。私以为，戴名世的文学才华，清一代首屈一指。他因为早年不事科举，自称胸中有几百卷雄文，因穷困潦倒而无法写出，最后不幸因文字狱而死。就其已经写出的作品看，他的天赋和创新已经堪称一流。他的文笔如大才子袁枚那样行云流水，其文体和叙述的新颖，远超袁枚。

经部像第1级那样，依然是孔孟著作为主。《左传》选文特别重要，介绍了中国社会影响巨大的“三不朽”学说之出处。一个外交场合的随意对话，就创造了一个必将永远与日月同光的学说，堪称奇迹。古人对人生和人类社会的认识，何其深刻也。那时巫史之外没有专业学者，能立新说者往往是君王或治国的大夫。提出三不朽的穆叔，就是鲁国大夫叔孙豹。

史部依然以《史记》为主。管仲和鲍叔牙的哥们儿义气，许多人称羡不已，习者终于有机会仔细玩味一番。至于管仲如何助齐桓公九合诸侯、一匡天下，终于也有机会弄个明白。戊戌变法之后，康有为、梁启超、谭嗣同的不同选择，一定会让习者感慨万千。其中的原因和道理，终于可以在这里找到答案了。正所谓开卷有益也。

副课文部分，最能体现本编由易到难的梯级特征。第2级的副课文，主要选自《清史稿》、康有为《公车上书》和纪晓岚《阅微草堂笔记》。《清史稿》卷帙浩繁，习者可以挑其中好读的读一些，比如一些知名人物的传记。左宗棠、曾国藩、张之洞、林则徐、洪秀全等传，以及康熙、乾隆、光绪的纪，最值得细读。康有为和纪晓岚的名声，可谓如雷贯耳，大家更应该读其作品，看看他们的文字，是不是与其名声相称。二者一为政论，一为小说。多接触不同文体，也是长见识啊。

目录

 集　部

贰 经部

叁 史部

肆 子部

集部

第一课 马之足交于野

〔明〕刘伯温

题解

统治集团的各种势力，飞扬铁蹄，在中华大地肆意践踏，疯狂掠夺，导致生灵涂炭，白骨遍野。最后统治集团自己也跟国家一起崩溃（王无马不能师，天下萧然）。刘伯温深刻的历史洞见，预言了元政权即将灭亡的命运。

人物故事

刘伯温（1311—1375）：名基，字伯温，处州青田县南田乡（今属浙江温州市文成县）人，故称刘青田。洪武三年（1370）封诚意伯，故又称刘诚意。武宗正德九年（1514）追赠太师，谥号文成，后人称他刘文成、文成公。元末明初军事家、政治家、文学家，明朝开国元勋。博通经史，时人誉为诸葛亮。元至正十九年（1359），朱元璋礼聘刘基及宋濂等名人入幕。刘奏请立法定制，以止滥杀。朱元璋即帝位后，他奏请设立军卫法，肃正纲纪。刘伯温精通天文、兵法、数理等，诗文古朴雄放，抨击时弊，同情民瘼。《郁离子》写于元朝末期，多以寓言形式讽喻朝政腐败，纲纪倾圮。他还是民间传说中的预言大师，至今常有人以其《推背图》为名推测世事和未来，有《诚意伯文集》传世。

主课文

穆天子[1]得八骏[2]，以造[3]王母。归而伐徐偃王[4]，灭之。乃立天闲[5]、内外之厩。八骏居天闲，食粟日石[6]；其次乘居内厩，食粟日八斗；又次居外厩，食粟日六斗；其不企[7]是选者为散马，散马日食粟五斗；又下者为民马，弗齿于官牧[8]。以造父为司马[9]，故天下之马无遗良，而上下其食者莫不甘心焉。

穆王崩[10]，造父卒，八骏死，马之良驽莫能差[11]，然后以产区焉[12]。故冀之北土纯色者为上乘，居天闲，以驾王之乘舆；其厖[13]为中乘，居内厩，以备乘舆[14]之阙[15]，戎事[16]用之；冀及济河以北，居外厩，诸侯及王之公卿大夫及使于四方者用之；江淮以南为散马，以递传服百役，大事弗任也。其士蛮亦视马高下，如造父之旧。

及夷王之季年[17]，盗起，内厩之马当服戎事，则皆饱而骄，闻钲鼓而辟易[18]，望旆而走[19]。乃参以外厩[20]。二厩之士不相能[21]，内厩曰："我乘舆之骖服[22]也。"外厩曰："尔食多而用寡，其奚以先我？"争而闻于王，王及大臣皆右[23]内厩。

既而与盗遇，外厩先，盗北[24]。内厩又先上以为功。于是外厩之士马俱懈。盗乘而攻之，内厩先奔，外厩视而弗救，亦奔。马之高足骧首[25]者尽没。

王大惧，乃命出天闲之马。天闲之马，实素习吉行[26]，乃言于王而召散马。散马之士曰："戎事尚力[27]，食充则力强；今食之倍者且不克荷[28]，吾侪[29]力少而恒劳，惧弗肩[30]也。"王内省而惭，慰而遣之，且命与天闲同其食，而廪粟不继[31]，虚名而已。于是四马[32]之足交于野，望粟而取。农不得植[33]，其老羸[34]皆殍[35]，而其壮皆逸[36]入于盗。马如之[37]。

王无马不能师，天下萧然[38]。

（选自《郁离子·八骏》）

注释

[1] 穆天子：周代第五个君主周穆王。

[2] 八骏：传说中周穆王的八匹名马。

[3] 造：拜访。

[4] 徐偃王：周穆王时，徐国国君。

[5] 天闲：古时帝王养马的地方。

[6] 食（sì）粟日石：每天喂料一石。一石即十斗。

[7] 企：踮起脚，引申为"达到"。

[8] 弗齿于官牧：不列入官方供给制之内。齿，排列。

[9] 造父为司马：造父担任司马。造父，古之善御者，受宠于周穆王。据《史记·赵世家》载："周穆王使造父御，西巡狩，

乐之忘归。而徐偃王反，穆王日驰千里马，攻徐偃王，大破之。乃赐造父以赵城，由此为赵氏。”司马，主管马政的官。

[10] 崩：古代帝王逝世曰“崩”。《礼记·曲礼》载：“天子死曰崩，诸侯死曰薨，大夫死曰卒，士曰不禄，庶人曰死。”

[11] 良驽莫能差：良马劣马难以识别。驽，劣马。差，分辨，识别。

[12] 以产区焉：以产地区分这些马的等级。产，产地。区，区别，划分。

[13] 尨（méng）：通“龙”。杂，乱。此指杂色马。

[14] 乘舆（shèng yú）：古代特指皇帝或诸侯所用车舆。

[15] 阙：通“缺”。

[16] 戎事：战事。

[17] 夷王之季年：夷王，姬燮，西周第九个君主。季年，末年。

[18] 闻钲鼓而辟易：听见进军的鼓声就惊惶后退。钲鼓，古代军中的两种乐器，作为行军、作战的信号。

[19] 望旆（pèi）而走：看见敌军的军旗就逃跑。旆，旌旗。

[20] 参以外厩：配上外厩的马。

[21] 不相能：不相和。

[22] 骖（cān）服：古代一车四马，居外两匹为“骖”，居中两匹为“服”。

[23] 右：偏袒、袒护。

[24] 北：失败。

[25] 骧（xiāng）首：马首昂举。

[26] 素习吉行：素，一向。吉行，指在安全的环境中行车。

[27] 尚力：依靠力气。

[28] 克荷：能够承担。

[29] 吾侪（chái）：我辈。

[30] 肩：承担。

[31] 廪（lǐn）粟不继：政府的粮仓储备不足，无法持续供应马的饲料。

[32] 四马：指四个等级的马。

[33] 农不得植：农民无法种庄稼。

[34] 羸（léi）：瘦、弱。

[35] 殍（piǎo）：饿死。

[36] 逸：逃跑。

[37] 马如之：马也像这些人一样。

[38] 萧然：萧条凄凉的样子。

参考译文

周穆王有八匹骏马，驾车去拜访西王母。回来后又驾车讨伐徐偃王，并灭掉了他。于是设立天闲、内厩和外厩等级不同的马厩。把八匹骏马放在天闲里喂养，每天喂料一石（十斗）；次等马放在内厩，每天喂料八斗；再次等马放在外厩，每天喂料六斗；达不到此等标准的马称为散马，每天喂料五斗；其他马均为民马，不列入官府饲养。任命造父掌管马政，天下好马悉数网罗，并按马的高低等级对待各类养马人，各类养马人均感满意。

穆王驾崩，造父辞世，八骏也死了，马的优劣无人能分辨，只好按马的产地来区分。把冀地北部纯色马作为上等，放在天闲喂养，用来驾驭君王车辆；杂色马作为中等，放在内厩，以备君王车驾之缺，并用于打仗；冀地南部和济河以北的马，置于外厩喂养，由公卿大夫及出使者乘用；江淮以南的马称为散马，用于驿站服役，干各种杂活，不可承担重大任务。养马人的待遇，按所养马的等级不同而不同，一切按造父时期的规矩办。

周夷王末年，盗贼四起，内厩马本当负责作战，但它们向来养尊处优，骄横自负，一听到军鼓声，便吓得往后退，一看见旌旗飘扬就惊恐不安，四处逃跑。于是调外厩马上阵。内外两厩养马人因此争吵起来，内厩马倌说："我们的马本是乘舆所用。"外厩马倌说："你们的马多吃多占，还不服劳役，凭什么还比我们高一等？"两家争论不休，传到夷王那里。夷王和百官都袒护内厩，外厩马只好参战了。

刚上阵便与盗贼相遇，外厩马先发起冲锋，把盗贼打得溃败逃散。内厩马这时也发起冲锋，天子把军功算在内厩马头上。外厩人马深感不公，因此懈怠。这时盗贼乘机发起反攻，内厩人马惊恐奔逃，外厩人马见此情形，无意救援，也四处奔逃，结果那些高大英武的内厩马全部覆没。

夷王非常恐惧，紧急调遣天闲马上阵。天闲马习惯在舒适环境里驾车，不习征战。天闲马倌向夷王陈述此情，夷王乃改令散马出战。散马马倌说：“打仗要靠力气，吃得饱才力气大。那些饲料比我们翻倍的马尚且不能取胜，我们这些力气小又常服重役的马，恐怕更不能担此重任吧。”夷王听后深感惭愧，好言安慰养散马的人，还是得派散马去迎敌，并制定散马与天闲马同等待遇的政策。可是，粮仓储蓄有限，无法持续供应这么多饲料，政策只是一句空话而已。四个等级的马都无法吃饱，成天在田野里奔波觅食，看见庄稼便大吃一顿。闹得农民不能种庄稼，老弱病夫饿死，壮年人都投奔盗贼去了。那些马也像这些农人一样逃散了。

夷王没有马，不能组织军队保卫国家，天下逐渐萧条败落。

赏析与写作指导

元朝的等级制度

刘伯温一生，大多处于蒙古人治下，那时被称作元朝。本课涉及元末两个突出问题，一个是从元朝征战起即开始的民族歧视问题；二是元末国家机器腐朽、无法有效履行治理职能问题。

那时蒙古统治着从东亚到西亚到东欧的大片地区。元朝把国民分作四等，第一等当然是蒙古人，第二等是较早被蒙古人征服的北方各少数民族，被称作色目人，第三等是淮河以北原金国境内的汉族和契丹、女真等民族，和云南、四川两省较早被蒙古人征服的人民，统统被称作汉人，第四等则是江浙、江西、湖广三行省和河南行省南部的居民，被称作南人或蛮人，他们是最后被元朝征服的南宋境内的人民，故最受歧视。

这四个等级的人民，享有的政治、法律权益是不一样的，贵者贵、贱者贱。汉人被压制在最底层，文化创造力和人生价值受到极度摧残。

《郁离子》第一篇文章《千里马》，就批评统治者不分马的优劣，仅以是否产在北方地区而论定马的贵贱。这篇《八骏》，更是形象地把天下马分作四等，跟元统治者的民分四等相对应，是对元朝统治者黑暗统治的控诉。“穆王崩，造父卒，八骏死，马之良驽莫能差，然后以产区焉。故冀之北土纯色者为上乘，居天闲，以驾王之乘舆；其庬为中乘，居内厩，以备乘舆之阙，戎事用之；冀及济河以北，居外厩，诸侯及王之公卿大夫及使于四方者用之；江淮以南为散马，以递传服百役，大事弗任也。”才华盖世的刘伯温就属于第四等国民，对这种侮辱感受极深。

既然马分四等，贵贱有别，其地位、利益各不相同，久而久之，一定会挫伤马的劳动积极性。这种不合理的民族政策发展下去，必将导致国家机器锈蚀腐烂，无法正常治理天下、造福兆民，最后必然是崩溃、灭亡。当国王命令各等级的马上阵杀敌、保卫国家时，每个等级的马都有理由拒绝效力。“天闲之马，实素习吉行”，不适合打仗。“内厩之马皆饱而骄”，只愿意享福，没想过吃苦。它们听见战鼓就后退，看见战旗就逃跑。外厩之马则说：“内厩之马吃那么多，力气大。它们都打不赢，我们更打不赢。”散马更没有积极性，因为这国家从来不是它们的。

眼看国家就要在敌军的打击下灰飞烟灭。君王终于着急起来，马上调整政策，让四等马享受同样的待遇。这种应景式的改革能否改变命运呢？刘伯温说，国库很快空虚，无法供应马料。它们只能四散奔逃，到老百姓的庄稼地里掠夺践踏，直弄得老百姓无法生存，被迫为匪为盗。

元代也以儒学科举取士，以儒学笼络知识分子。但是儒学的地位在汉以后历朝历代是最低的，科举入仕的汉族知识分子也难以担任高职，发挥治国平天下的作用。刘伯温 20 岁就考中进士，具有大智大才，可是只能在地方官府担任小吏，还备受排挤，最后只好隐居乡里写作《郁离子》，为后世君子阐发治国大道。《郁离子》实际上准确预言了元代政权的灭亡。意味深长的是，刘伯温正好是帮助朱元璋打垮元政权的最主要谋士。

延伸知识

考察历史的视角

中国历史上，有两个时期被北方游牧民族占领全境，由他们建立了覆盖全境的大一统政权，这就是元和清。今天的历史学中，元和清成为“秦汉魏晋隋唐宋元明清”王朝序列的两个重要环节。以清朝为背景的影视作品更是层出不穷，成为一种文化现象。

1934 年，鲁迅在《随便翻翻》一文中指出：

我回忆自己的得到一点知识，真是苦得可怜。幼小时候，我知道中国在“盘古氏开辟天地”之后，有三皇五帝，……宋朝，元朝，明朝，“我大清”。到二十岁，又听说“我们”的成吉思汗征服欧洲，是“我们”最阔气的时代。到二十五岁，才知道所谓这“我们”最阔气的时代，其实是蒙古人征服了中国，我们做了奴才。直到今年八月里，因为要查一点故事，翻了三部蒙古史，这才明白蒙古人的征服“斡罗思”，侵入匈奥，还在征服全中国之前，那时的成吉思还不是我们的汗，倒是俄人被奴的资格比我们老，应该他们说“我们的成吉思汗征服中国，是我们最阔气的时代”的。

（摘自《且介亭杂文》）

副课文

台湾不可割给日本

窃闻与日本议和，有割奉天沿边及台湾一省，补兵饷二万万两，及通商苏杭，听机器、洋货流行内地，免其厘税等款，此外尚有缴械、献俘、迁民之说。

阅《上海新报》，天下震动。闻举国廷诤，都人惶骇。又闻台湾臣民不敢奉诏，思戴本朝。人心之固，斯诚列祖、列宗及我皇上深仁厚泽，涵濡煦覆，数百年而得此。然伏下风数日，换约期迫矣，犹未闻明诏赫然峻拒日夷之求，严正议臣之罪。

甘忍大辱，委弃其民，以列圣艰难缔构而得之，一旦从容误听而弃之，如列祖列宗何？如天下臣民何？然推皇上孝治天下之心，岂忍上负宗庙，下弃其民哉！

良由误于议臣之言，以为京师为重，边省为轻，割地则都畿能保，不割则都畿震动，故苟从权宜，忍于割弃也。又以群议纷纭，虽力摈和议，而保全大局终无把握，不若隐忍求和，犹苟延旦夕也。又以为和议成后，可十数年无事，如庚申以后也。

左右贵近，论率如此。故盈廷之言，虽切而不入；议臣之说，虽辱而易行，所以甘于割地、弃民而不顾也。

——〔清〕康有为《康有为政论集·公车上书》

思考与训练

下段文字对马的等级划分的依据，跟元统治者的等级制度，具有什么样的关系？

穆王崩，造父卒，八骏死，马之良驽莫能差，然后以产区焉。故冀之北土纯色者为上乘，居天闲，以驾王之乘舆；其尨为中乘，居内厩，以备乘舆之阙，戎事用之；冀及济河以北，居外厩，诸侯及王之公卿大夫及使于四方者用之；江淮以南为散马，以递传服百役，大事弗任也。

第二课 意在笔先

〔清〕郑板桥

题解

给自己画作题词，谈创作体会，寄意深远。“意在笔先”对各种艺术体裁的创作都有启示。

人物故事

郑板桥（1693—1765）：原名燮，字克柔，号理庵，又号板桥，人称板桥先生。江苏兴化人，乾隆元年（1736）进士。悲悯万物，体恤众生。任潍县令当年，遭遇饥荒，他开仓赈贷，发券供给，又大兴工役，招远近饥民赴工就食，救人无数。后因固执向上级索款赈灾，得罪朝廷重臣，只好乞病归隐。离任时，潍县百姓遮道挽留，家家画像以祀，并于潍城海岛寺为他建生祠。辞官后客居扬州，卖画为生，为“扬州八怪”画派代表人物。一生只画兰、竹、石，自称“四时不谢之兰，百节长青之竹，万古不败之石，千秋不变之人”。每有画作，常题诗题词，文辞书法皆卓异，世称“诗书画三绝”。本课文即是其画上题词。代表作有《竹石图》《兰竹芳馨图》《修竹新篁图》《甘谷菊泉图》《清光留照图》等。

主课文

一

江馆清秋，晨起看竹，烟光日影露气，皆浮动于疏枝密叶之间。胸中勃勃遂有画意。其实胸中之竹，并不是眼中之竹也。因而磨墨展纸，落笔倏[1]作变相[2]，手中之竹又不是胸中之竹也。总之，意在笔先[3]者，定则也；趣在法外者，化机[4]也。独画云乎哉！

二

画竹之法，不贵拘泥成局，要在会心人得神[5]，所以梅道人[6]能超最上乘也。盖竹之体，瘦劲孤高，枝枝傲霜，节节干霄[7]，有似乎士君子豪气凌云，不为俗屈。故板桥画竹，不特为竹写神，亦为竹写生[8]。瘦劲孤高，是其神也；豪迈凌云，是其生也；依于石而不囿于石，是其节也；落于色相[9]而不滞于梗概[10]，是其品也。竹其有知，必能谓余为解人；石也有灵，亦当为余首肯。

甲申[11]秋杪[12]，归自邗江[13]，居杏花楼。对雨独酌，醉后研墨拈管，挥此一幅，留赠主人。

（选自《中国画论辑要·创作论》）

注释

［1］倏：迅速，忽然。

［2］变相：即图画。唐代将佛教故事称为“变”，绘画故事为“变相”，叙写故事为“变文”。

［3］意在笔先：艺术创作中构思在落笔之前，无论写字、作画、诗文创作均如此。

［4］化机：自然的机运。

［5］得神：领悟其精神。

［6］梅道人：指吴镇（1280—1354），字仲圭，号梅花道人，元代嘉兴人。善画山水竹石，每题诗其上，时人称为“诗书画三绝”。著有《梅花道人遗墨》。

［7］干霄：触及云霄。

［8］写生：画出其形态气韵。

［9］色相：佛教用语，指一切事物的形状外貌。

［10］梗概：外部形态。

［11］甲申：乾隆二十九年（1764）。

［12］秋杪（miǎo）：秋末。杪，树梢，末端。

［13］邗（hán）江：邗沟的别称，此处指扬州。

参考译文

一

江馆明净爽朗的秋天，早晨起来看竹子，烟光、日影和露气，都在树枝密叶间浮动。胸中灵气萌动竟然想作画。其实想要画出来的竹子，并不是眼中看到的竹子。因而磨墨展纸，一落笔画出来的画倏忽间会有变化，这是因为画出来的竹子又不同于想要画出来的竹子。总而言之，画画，先要构思成熟，然后下笔，这是定则；画作所表现出的意趣神韵却不是固定画法所能框定的，这是自然的机运。这不独独表现在绘画这一领域呀。

二

画竹之法，不以拘泥预定的格局为贵，关键在领悟其精神，这也是梅道人能超越最上乘的原因。竹子的形体，瘦劲孤高，枝枝傲视霜雪，节节触及云霄，似士人君子豪气凌云，不屈从世俗。所以郑板桥画竹，不只是画出竹的神态，也画出竹的形态。瘦劲孤高，是竹的神态；豪气凌云，是竹的形态；依靠着石头而不为石头所局限，是竹的节操；形貌衰败而不为外部形态所凝滞，是竹的品相。竹如果知道我的这些看法，一定视我为善解竹意的人；石头如果有灵性，也应当点头同意我的看法。

甲申年秋末，自扬州归来，住在杏花楼。对雨独自一人喝酒，醉后研墨挥笔，写下此条幅，留赠杏花楼主人。

赏析与写作指导

三才融会郑板桥

郑板桥在艺术史上是个传奇人物。他仕途终于县官，未曾在朝廷任职，生前活动范围极小，跟达官贵人少有交往。可是他耿介清廉，为官正派，悲悯万物，体恤众生。艺术上个性鲜明，才华卓异，“诗书画”样样精彩，人们乐于传颂其亲切可爱形象。

所谓“诗书画三绝”，指其诗文创作、书法、绘画三者集于一身。单独言之，其诗文并非巍然大家，其书法也不像欧阳询、颜真卿、怀素、黄庭坚那样卓绝千古，其画家地位也不像文征明、八大山人那样巨峰耸立。他在《绘画史》《书法史》教材中所占篇幅都不会太多，《文学史》恐怕还难于上榜。可是，当他把诗书画三者集于尺幅之中，他的优势就很明显。

就诗文创作而言，其才华足够丰沛，表现力甚强。“江馆清秋，晨起看竹，烟光日影露气，皆浮动于疏枝密叶之间。胸中勃勃遂有画意。”这种触景生情、引发创作冲动的情形，写得极其生动。“其实胸中之竹，并不是眼中之竹也。因而磨墨展纸，落笔倏作变相，手中之竹又不是胸中之竹也。”这种创作体会，人人皆有，然人人未曾道出。郑板桥纵笔言之，人人喝彩。无论画家还是作家，要想用文字或水墨客观准确地描摹眼前事物、胸中情愫，绝无可能。一下笔就走样。每个作家完成一文，都会觉得未尽吾意，每个画家完成一画，都会觉得未尽吾形。所以“磨墨展纸，落笔倏作变相”一言击中所有艺术创作者的痛点。“手中之竹又不是胸中之竹”的结论，水到渠成。

意在笔先，笔却无力尽达吾意。奈何奈何。

郑板桥的境界和才华，在第二则题词中表现得更为充分。“盖竹之体，瘦劲孤高，枝枝傲雪，节节干霄，有似乎士君子豪气凌云，不为俗屈。”此竹乃郑板桥心中之竹，倾注了郑板桥的志气、节操和理想。人们青睐郑板桥之竹，乃包含着对其人格、志节、理想的认可与尊敬。

板桥画竹，有“胸无成竹”的理论。他画竹并无师承，多得于纸窗粉壁日光月影，直接取法自然。其名作《竹石图》，竹子画得瘦劲挺拔，节节屹立而上，直冲云天，每一片叶子都有不同表情，墨色水灵，浓淡有致，逼真地表现竹的质感。在构图上，板桥将竹、石的位置关系和题诗文字处理得十分协调。竹的纤细清飒更与石的浑朴坚毅相得益彰。这种丛生植物成为板桥理想的幻影。

郑板桥心中始终装着平民百姓。他写《农人勤苦养天下》，告诫家人不可忘本。他画画也想着劳动者的内心世界。“凡吾画兰、画竹、画石，用以慰天下之劳人，非以供天下之安享人也。”此种箴言，古今中外没几个艺术家说得出来。

中国文化讲究“万物皆备于我”（孟子）、“与天下万物为一体”（庄子），中国画是中国文化精神的载体，画家与画中景致风物融为一体，乃中国画一大特点。郑板桥一生创作与行状，充分体现了这一特点，所以他是一位有代表性的文人和画家。近人徐悲鸿赞曰：“板桥先生为中国近三百年最卓绝的人物之一。其思想奇，文奇，书画尤奇。观其诗文及书画，不但想见高致，而其寓仁悲于奇妙，尤为古今天才之难得者。”

延伸知识

扬州八怪并不怪

扬州八怪，是扬州地区一批风格相近的书画家总称。他们于清康熙中期至乾隆末年，活跃于扬州画坛，美术史上称其为“扬州画派”。八怪人员构成，说法不一。较为流行的说法是：金农、郑板桥、黄慎、李鱓、李方膺、汪士慎、罗聘、高翔。其他画家如阮元、华岩、闵贞、高凤翰、李勉、陈撰、边寿民、杨法等，因画风接近，也可并入。所以八怪非确指，乃概数。

从康熙末年崛起，到嘉庆四年（1799）罗聘去世，扬州画派活跃于画坛近百年。他们留存至今的绘画作品，为数巨大。据《扬州八怪现存画目》记载，散存于国内外200多个收藏机构者就有8000余幅。

八人中除郑板桥、李方膺做过小知县外，其他人均谢绝仕途，终身布衣。他们呼吸于草泽，谋生于民间，与芸芸众生和劳苦大众具有天然的血脉联系，对官场的卑污、势利则厌弃躲避。郑板桥上任时，在县衙墙壁上挖了百十个孔，通到街上，说是“出前官恶俗气”，决意坚守清廉、志节。

扬州八怪在生活中和社交中并无癫狂表现，都是俗子凡胎。所谓怪者，乃因他们志节高古，不同流合污。他们迷恋“掀天揭地之文，震惊雷雨之字，呵神骂鬼之谈，无古无今之画”（郑板桥），要求自己终生为此努力。他们以梅的高傲、石的坚冷、竹的清高、兰的幽香表达自己的志趣。最后果然在艺术上独立门户，自成一格。所以，志节仁义，趣味清高，是扬州八怪赖以形成独特艺术风格的精神基础。

郑板桥等所谓八怪，用诗画反映民间疾苦、发泄积愤和苦闷、表达理想和憧憬。他们对前辈画家多有师承，对后世画家广有影响，构成中国艺术史上一个特点鲜明的重要流派。他们的诉求和努力，这都是艺术家很正常、很自然的精神追求和艺术追求，非为怪也。

副课文

弃台民即散天下也

窃以为弃台民之事小，散天下民之事大；割地之事小，亡国之事大；社稷安危，在此一举。举人等栋折榱(cuī，椽子)坏，同受倾压，故不避斧钺之诛，犯冒越之罪，统筹大局，为我皇上陈之。

何以谓弃台民即散天下也？天下以为吾戴朝廷，而朝廷可弃台民，即可弃我，一旦有事，次第割弃，终难保为大清国之民矣。民心先离，将有见土崩瓦解之患。《春秋》书“梁亡”者，梁未亡也，谓自弃其民，同于亡也。故谓弃台民之事小，散天下民之事大。

日本之于台湾，未加一矢，大言恫喝，全岛已割。诸夷以中国之易欺也，法人将问滇、桂，英人将问藏、粤，俄人将问新疆，德、奥、意、日（指西班牙，当时译为日斯巴尼亚）、葡、荷皆狡焉思启。有一不与，皆日本也，都畿必惊；若皆应所求，则自啖其肉，手足腹心，应时尽矣，仅存元首，岂能生存？

且行省已尽，何以为都畿也？故谓割地之事小，亡国之事大。此理至浅，童愚可知，而以议臣老成，乃谓割地以保都畿，此敢于欺皇上、愚天下也，此中国所痛哭，日本所阴喜，而诸夷所窃笑者也。

诸夷知吾专以保都畿为事，皆将阳为恐吓都畿，而阴窥边省，其来必速。日本所为日日扬言攻都城，而卒无一砲震于大沽者，盖深得吾情也。恐诸国之速以日本为师也。是我以割地而鼓舞其来也。皇上试召主割地议和之臣，以此诘之，度诸臣必不敢保他夷之不来，而都畿之不震也。则今之议割地、弃民何为乎？皇上亦可以翻然独断矣。

——〔清〕康有为《康有为政论集·公车上书》

思考与训练

未必人人都有画画体验，但是几乎人人都有写文章体验。请结合你的写作经历，谈谈你对“意在笔先”的理解。当你读懂了“意在笔先”，对你提高写作水平具有什么意义？

第三课 尚志斋说

〔元〕虞集

题解

作者为门生黄济的书斋命名为尚志斋，并应邀著此说。文章以射箭必须以中靶为目的设喻，强调学习必须有目的（志），那就是成为圣贤。若无此目的，为何要学？为何要刻苦学好？

人物故事

虞集（1272—1348）：字伯生，号道园，世称邵庵先生。元代巨儒，南宋左丞相虞允文五世孙。祖籍成都仁寿（今四川省眉山市仁寿县）。宋末乱世，随父迁居江西临川郡崇仁县（今江西崇仁县）。元代历官国子助教、博士、集贤修撰、翰林待制、奎章阁侍书学士。曾领修《经世大典》。与揭傒斯、柳贯、黄溍并称“元儒四家”，与揭傒斯、范梈、杨载并称“元诗四家”。有《道园学古录》《道园遗稿》传世。

主课文

亦尝观于射乎？正鹄[1]者，射者之所志也。于是良尔弓，直尔矢，养尔气，蓄尔力，正尔身，守尔法而临之。挽必圆，视必审[2]，发必决，求中乎正鹄而已矣。正鹄之不立，则无专一之趣向，则虽有善器、强力，茫茫然将安所施哉？况乎弛焉以嬉，嫚[3]焉以发，初无定的[4]，亦不期于必中者，其君子绝之，不与为偶，以其无志也。

善为学者，苟知此说，其亦可以少警矣乎！夫学者之欲至于圣贤，犹射者之求中夫正鹄也。不以圣贤为准的而学者，是不立正鹄而射者也。志无定向，则泛滥茫洋无所底止。其不为妄人者几希！此立志之最先者也。

既有定向，则求所以至之之道焉，尤非有志者不能也。是故从师取友，读书穷理，皆求至之事也。于是平居无事之时，此志未尝慢也；应事接物之际，此志未尝乱也；安逸顺适，志不为尚；患难忧戚，志不为慑；必求达吾之欲至而后已。此立志始终不可渝者也。

是故志苟立矣，虽至于圣人可也。昔人有言曰："有志者，事竟成。"又曰："用志不分，乃凝于神。"此之谓也。志苟不立，虽细微之事，犹无可成之理，况为学之大乎！昔者夫子以生知天纵之资，其始学也，犹必曰志，况吾党小子之至愚极困者乎？其不可不以尚志为至要至急也，审矣。

今大司寇之上士浚仪黄君之善教子也，和而有制，严而不离。尝遣济也受业于予。济也请题其斋居以自励，因为书"尚志"二字以赠之。他日暂还其乡，又来求"说"。援笔书所欲言，不觉其烦也。济也，尚思立志乎哉！

（选自《国学治要·古文治要上》）

注释

［1］正鹄：箭靶的中心。

［2］视必审：瞄准一定十分认真。审，周到，准确。

［3］嫚（màn）：轻视。

［4］定的：确定的目标。

参考译文

你见过射箭吗？箭靶的中心，是射箭人的目标。于是要选择好的弓、直的箭，养体气，攒力气，站好姿势，遵守法度，来到靶前。拉弓必圆，瞄准必认真，发射必果断，以图射中靶心。如不设靶心，就无专一之志，就算有好弓箭、大力气，也茫茫然无处施展。至于懈怠游戏，随意发箭，本无目标，也不指望射中，这种事君子不做，这种人君子不交，因为他没有志向。

善于治学者，如懂此理，也就能稍有警戒了。读书人的理想就是成为圣贤，就像射箭者追求射中靶心一样。不以圣贤为标准，就像不设靶心而射箭。没有明确志向，就像在海洋航行而无目标，最终不沦为无知妄为的人很少！这是立志者首先要做到的。

有了目标，就该讲究到达目标之法，只有有志者能做到。所以拜师、交友，读书、研究事理，都是接近目标的途径。平时无事，对此目标不怠慢；待人接物之际，此目标也不错乱；

安逸舒适，目标不丧失；患难忧虑，目标不放弃。时时刻刻为此目标努力，这就是矢志不渝。

如果立下志向，就算志在成为圣人，也可实现。古人说过：“有志者，事竟成。”又说：“志向不变，聚精会神。”就是此意。若不立志，就算细小事，也无成功之理，何况做学问之大事呢？从前孔子怀天纵之才，其求学尚且必须立志，何况我们这样蠢笨的后辈呢？一定要把立志作为紧迫的事情，的确如此。

如今大司寇的上客开封人黄先生，善于教育子女，温和但有制约，严格但没隔阂。曾让他儿子黄济跟从我求学。黄济请我给其书斋题字勉励，我写了“尚志”二字送他。有一天他需暂回老家，特来要我为其书斋写篇“说”。我挥笔而就，不厌其烦。黄济，正在立志呢。

赏析与写作指导

作文从打比方下手

用打比方来阐明一个抽象道理，这是古人作文、游说最常用的写作手法。战国纵横家常常打个比方就能让君王明白一个高远战略，或者打个比方就能让千军万马放弃围城，掉头回国。至于作家为文，这种方法就更常见了，从孟子、庄子，到荀子、韩非子，再到今天的文人学士，经常如此写作。

本文劝学，告诫学生首在立志。立何志呢？圣贤之志。怎样说服他呢？

打比方啊。

射箭是古代最常见的行为，三岁小孩都明白，就用射箭打比方吧。“亦尝观于射乎？正鹄者，射者之所志也。于是良尔弓，直尔矢，养尔气，蓄尔力，正尔身，守尔法而临之。挽必圆，视必审，发必决，求中乎正鹄而已矣。正鹄之不立，则无专一之趣向，则虽有善器、强力，茫茫然将安所施哉？”

射箭得要目的，有目的才知道如何射。“夫学者之欲至于圣贤，犹射者之求中夫正鹄也。不以圣贤为准的而学者，是不立正鹄而射者也。志无定向，则泛滥茫洋无所底止。其不为妄人者几希！此立志之最先者也。”明白了吧？学习得有目标，有了目标，才知道该学什么（内容），该怎样学（方法）。

如今的孩子，小学三年级就开始学习写作文了。一直学到高中毕业，大家还觉得不知从何下手，可见文章难学啊。

现在好了，记住一点，打比方。无论记叙文、议论文、说明文，先琢磨着找个人人明白的简单事物，打个比方，然后把这个比方，跟你的写作对象多多挂钩。每次挂钩，阐述事情的一个方面。三次挂钩，阐述三个方面，一篇文章也就成了，可以交给老师或编辑了。

打比方就这么有用，它是打开文章思路的万能钥匙。以后遇到难题不知怎么写，千万别忘了用上这把万能钥匙：

打比方。

延伸知识

古代官学与私学

远古时代，知识、宗教、学问都掌握在领导集团手里，教育也不例外。庶民的生活知识和生产经验，都是跟着父辈祖辈习得的。他们没有条件受专门教育，对于国家祭祀、天文地理、国家治理等知识，无法沾边。

春秋时期，礼崩乐坏，周天子权威丧失，诸侯各谋其私，天下失去秩序，也就失去控制。天子典籍，本来是给诸侯学习的，后来逐步流失民间，不断扩散。民间优秀士人，终于可以继承老祖宗千百年的创造与积累。孔子出身并不高贵，能学贯古今，就得益于此种历史背景。

既然民间可以学习文化，这就需要民间学堂。私人设堂授徒，逐渐流行。孔子未必是最早的民间教书先生，年轻时也不是影响最大的。被他诛杀的少正卯，生前影响比他还大，招生比他还多。但是孔子心通天理，志在大道，承继尧舜禹汤文武周公道统，对后学具有非凡的感召力，于是逐步胜出，成为冠绝古今的大圣人和大教育家。

官学流失民间，激发了民间的求学热情，也必定激发民间思想。墨子的思想，跟官学距离很大，观点主张一般都代表社会最底层劳动人群的感情和利益，而且吸引了一大批劳动者及其子弟前来问学。这是私学独立发展的一个明显的例子。

秦统一六国之后，李斯认为战国时期私学发达是致乱原因之一，值得后世吸取教训。他说："古者天下散乱，莫之能一，是以诸侯并作，语皆道古以害今，饰虚言以乱实，人善其所私学，以非上之所建立。"（参见《史记·秦始皇本纪》）所以他主张烧尽杂书，禁绝私学，以便强化国家认同，实现天下齐一。

不但学问与思想有官学私学之分，学校也有官私之分。

出身高贵的儿童，可延聘老师到家里施教，长成少年则可以入朝廷太学。普通人的孩子，则可以上私校启蒙。

朝廷国学、太学里的老师都是学问宏博的官员，专教权贵子弟。身份略低的人，可到州县所设学校就读。这些都是官学，入学都有门槛，诸如几品官员的子弟，至少得是公职人员家属。纯粹的老百姓子弟，只能到名儒所设的民间私塾或书院就读，这个是私学。

孔子被看作历史上第一个影响巨大的教育家，其学校也是影响最大的私校，其生徒年龄，相当于后世书院生徒的年龄。既然孔子的学校是私学，为什么来求学的那么多（号称前后三千）？因为他满足了当时普通士子求学问道的社会需求。他主张"有教无类"，不问出身尊卑，随便交点学费（一般学生就送块腊肉作为学费）就可以入学。这为知识流向基层社会做出了重要贡献。

入谁的私学，就是拜谁为师，这是一种郑重其事的选择。如果不是德高望重者，谁愿意拜你为师啊？而且，古人一旦师从某师，乃终身追随、终身求教。正所谓一日为师，终身为父。所以，古代开办私学者，不唯学问秀杰，而且品德尊贵，节操卓越，声望隆盛。所谓师道尊严，乃因兹师是道师，是华夏圣道的承载者。

道师开私学，是个令人向往的风尚。孔子为之，孟子为之，朱子为之，阳明子为之，朱九江和康有为也曾为之。

副课文

练兵强天下之势

或以为庚申和后，乃有甲申之役，二十年中可图自强，今虽割弃，徐图补救。此又敢以美言欺皇上、卖天下者也。

夫治天下者势也，可静而不可动，如箭之在栝（guā，同“栝”，箭末扣弦处），如马之在埒（liè），如决堰陂之水，如运高山之石，稍有发动，不可禁压，当其无事，相视莫敢发难；当其更变，朽株尽可为患。

昔者辛巳以前，吾属国无恙也。自日本灭琉球，吾不敢问。于是，法取越南，英灭缅甸，朝鲜通商，而暹罗（泰国）半翦。不过三四年间，而吾属国尽矣。

甲午以前，吾内地无恙也。今东边及台湾一割，法规滇、桂，英规滇、粤及西藏，俄规新疆及吉林、黑龙江，必接踵而来，岂肯迟迟以礼让为国哉？况数十国之逐于后乎？

譬大病后，元气既弱，外邪易侵，变症百作，岂与同治之时，吾国势犹盛，外夷窥伺情形未洽比哉？且民心既解，散勇无归，外患内讧，祸在旦夕。而欲苟借和款，求安目前，亡无日矣。今乃始基耳。症脉俱见，不待卢扁（扁鹊），此举人等所为日夜忧惧，不惮僭越，而谋及大计也。

夫言战者，固结民心，力筹大局，可以图存；言和者，解散民体，鼓舞夷心，更速其亡。以皇上圣明，反复讲辩，孰利孰害，孰得孰失，必当独断圣衷，翻然变计者。不揣狂愚，统筹大计，近之为可和可战，而必不致割地、弃民之策；远之为可富可强，而断无敌国外患之来。伏乞皇上下诏鼓天下之气，迁都定天下之本，练兵强天下之势，变法成天下之治而已。

——〔清〕康有为《康有为政论集·公车上书》

思考与训练

古人把修己达仁、治国安邦之学，名之曰圣贤之学。谚曰：“两耳不闻窗外事，一心只读圣贤书。”圣贤书即圣贤之学。读圣贤书，目的是让自己成为圣贤。为什么要成为圣贤呢？古人认为，治国安邦、福佑苍生，只有圣贤才可为之。所以，成为圣贤，终极目的还在于为国效力，为民造福。你赞成上述人生观吗？你想成为何种人？君子乎？小人乎？圣贤乎？盗贼乎？英雄乎？凡人乎？请自己琢磨一下。

第四课 意园记

〔清〕戴名世

题解

一个最让文人学士称心如意的理想世界是何种形态？《意园记》提供了一种设计方案。这个世界若是再增加一点社会色彩，就成了理想社会的设计。作者知道这个理想社会只能存在于心中，故以“意”命名之。

人物故事

戴名世（1653—1713）：字田有，一字褐夫，号药身，别号忧庵，晚年号南山先生。遭遇文字狱被康熙诛杀之后，人们讳其姓名而称之为“宋潜虚先生”，又称忧庵先生。桐城（今安徽桐城）人，系桐城派作家群之先驱。出身贫寒，天资秀杰，嗜书如命。11 岁熟背四书五经，19 岁开馆授徒以养亲，27 岁以文章卓越而闻名天下。少有四海之志，对清朝施行剃发易服的暴行深怀痛恨，长期拒绝科举考试，为行藏出处矛盾纠结。直到年过半百，内心与清政府关系有所缓和，才愿意投身科场。康熙四十八年（1709），以 56 岁高龄中会试第一名，殿试以一甲第二名进士及第（榜眼）。4 年后因《南山集》冤案被杀。

主课文

意园者，无是园也，意之如此云耳。山数峰，田数顷，水一溪，瀑十丈，树千章[1]，竹万个。主人携书千卷，童子一人，琴一张，酒一瓮。其园无径，主人不知出，人不知入。

其草若兰，若蕙，若菖蒲，若薜荔；其花若荷，若菊，若芙蓉，若芍药；其鸟若鹤，若鹭，若鸥，若黄鹂。树则有松，有杉，有梅，有梧桐，有桃，有海棠；溪则为声如丝桐，如钟，如磬。其石或青或赭[2]，或偃[3]或仰，或峭立百仞。其田宜稻宜秫[4]，其圃[5]宜芹，其山有蕨，有薇，有笋，其池有荇[6]。

其童子伐薪、采薇、捕鱼。主人以半日读书，以半日看花，弹琴饮酒，听鸟声、松声、水声，观太空，粲然而笑，怡然而睡，明日亦如之。岁几更欤[7]，代几更欤？不知也；避世者欤？避地者欤？不知也。主人失其姓，晦其名，何氏之民？曰无怀氏之民也。其园为何？曰意园也。

（选自《戴名世散文选》）

注释

[1] 章：常用量词，如音乐、诗文的片段名乐章、诗章、文章。

[2] 赭（zhě）：红褐色。

[3] 偃（yǎn）：倒伏。

[4] 秫（shú）：有黏性的谷物。

［5］圃（pǔ）：种植蔬菜、瓜果、花草的园地。

［6］荇（xìng）：多年生草本植物，叶子略呈圆形，浮在水面，根生在水底，花黄色，蒴（shuò）果椭圆形。茎可以吃，全草入药。

［7］欤（yú）：表示疑问或反问的语气助词。

参考译文

意园，本没有这个园子，是想象出来的而已。园里要有山峰数座，良田数顷，溪水一条，瀑布十丈，树千棵，竹万竿。园主带着千卷书，一童子，一琴，一瓮酒。这个园子没有路，主人不知道从哪里出，外面的人不知道从哪里进。

园里的草有兰、蕙、菖蒲和薜荔。花有荷、菊、芙蓉和芍药。鸟有鹤、鹭、鸥和黄鹂。树有松、杉、梅、梧桐、桃和海棠。溪流的声音如琴，如钟，如磬。石头或青色或红褐色，有的倒伏，有的仰卧，有的高高耸立。田里适宜种稻谷和高粱，园圃适合栽种芹菜，山上有蕨、薇和笋，池塘里有荇菜。

童子负责伐薪、采薇和捕鱼。主人半天读书，半天看花，弹琴饮酒，听鸟声、松声和水声，仰望天空，有时粲然而笑，有时怡然而睡，第二天也如此。年岁更替了几次，朝代更替了几次？不知道。是避世隐居还是避地逃灾？不知道。主人隐姓去名，他是哪个朝代的臣民？说是无怀氏的臣民。园名是什么？名为意园。

赏析与写作指导

戴名世神会陶渊明

陶渊明曾经设计了一种理想社会，以《桃花源记》描述出来。他生怕人家认为这是假的，于是言之凿凿地证明，桃花源乃武陵人实地考察过的真实存在。

戴名世也设计了一种理想生活，以《意园记》描述之。他生怕人家认为这是真的，开宗明义告诉读者“意园者，无是园也，意之如此云耳”。结尾还不忘强调“曰意园也”。

《桃花源记》写的是一个社会空间，人多，有完整的社会体系和产业形态，有极其和谐的人伦关系。它跟外界官府征税、盗匪劫财、尔虞我诈的社会形成巨大反差。

《意园记》主要写一个文人的生活理想，比较个人化。一个好读诗书、迷醉艺术、热爱自然的文人，在此园中，每天读书，看花，弹琴，饮酒，听鸟声、松声、水声，观太空，粲然而笑，怡然而睡。其中的花、树、鸟、山石，都是千百年来文人学士的至爱。这是古人所能想象的最诗性的生活。两次提到农田，这是社会赖以建立的基础，但作者非常谨慎地一笔带过。为了避免文字狱时代的政治风险，他必须弱化“社会理想”气息，强化“个人理想”气息，于是文人趣味就成为全文主旋律。

文章末尾，社会气息不得不有所呈现。“岁几更欤，代几更欤？不知也。”这个“代”字，就是指世俗王朝的更替换代。《桃花源记》也意识到“代”的重要性，特意强调他们“不知有汉，无论魏晋”。

“避世者欤？避地者欤？不知也。”此说有圣人来历。孔子说过：“贤者辟（避）世，其次辟（避）地，其次辟（避）色，其次辟（避）言。”（《论语·宪问》）孔子还说过：“危邦不入，乱邦不居。”（《论语·泰伯》）无论避世避地，都表现了不与暴君乱政合作的态度。只有遇到承平盛世，意园主人才愿意有名有姓有尊严地挺立于天地之间。何谓承平盛世，那当然是被历代圣贤追慕几千年的“无怀氏”时代，他唯一愿做的，是“无怀氏之民”。

什么是“无怀氏”？

无怀氏是中国古代传说中的贤明帝王，那时属于女系社会时代，比黄帝时代还早。无怀氏是个名叫苍芒的女王。有人说无怀氏是燧人氏风姓的一个支脉，是伏羲氏民族一个比较大的部落。其居住地集中在今河南焦作市的武陟县和温县一带。武陟县古称怀城，是无怀氏部落的政治活动中心。甚至有人有鼻子有眼地说，无怀氏生卒年为前 5278—前 5209，在位时间为前 5241—前 5209。虽然具体年头未必准确，但历史上确有其族其人是比较可靠的。那时社会尚处于没有阶级、没有赋税、没有国家的原始社会，也没有军队，因为与外族作战都是全民皆兵。中国古人在表达对现实社会的不满、对理想社会的渴望时，都是把远古时代经过一番打扮之后，作为理想的归宿。孔子如此，孟子如此，陶渊明《桃花源记》《五柳先生传》如此，戴名世

《意园记》也如此。

所以，这是一篇继陶渊明《桃花源记》之后，表达儒家“天下为公”“大同”社会理想的重要文章，只是因为过于含蓄，而略嫌模糊。

延伸知识

古代私塾教些啥？

本课前文提到，戴名世19岁开馆授徒以养亲，就是从事私塾教学，挣工资养家。何谓私塾呢？

私塾是民间蒙学教育机构，与官方太学、国学、州县公学相对举，也与民间书院相衔接。作为教育制度的私塾古已有之，但是私塾名称直到近代才出现，用以区别于官办或公办的新式学堂。

古代蒙学教育机构，统称学塾。按学塾类型之别，各有其名。富贵之家聘师在家设教，称坐馆或家塾；村社、宗族群策群力捐助钱财、学田，聘师设塾，称村塾、族塾；塾师私人设馆招收生徒，称门馆、教馆、学馆、书屋或私塾。

私塾学生一般七八岁入学，学习到15岁（虚岁）。也有入学特晚者，可能20岁还在私塾发奋。一个私塾一般只有一个老师，学生则多少不一，或者二三人，或者一二十人。

学生入塾后，由塾师个别教授。一边学习识字，一边背诵蒙学经典，清代私塾流行背诵“三百千”，即《三字经》《百家姓》

《千字文》，此外还有《弟子规》《幼学琼林》《龙文鞭影》《名贤集》《神童诗》等，还有两种韵文教材特有名，《声律启蒙》《笠翁对韵》。有的私塾直接教授《大学》《中庸》《论语》《孟子》。除了背书，老师还带着学生对对子，这是为日后创作诗和骈文做准备。

古代出版物，一般都是密密麻麻的文字挤在一起，没有标点符号，也没有断句。老师教孩子读经典，一般先教孩子句读，也就是给书文断句，然后让孩子背诵该书文。每天都有背诵的任务，完不成任务则戒尺伺候。背诵之后，再适当进行简单的讲授，一般限于疏通文义。所以，中国古代蒙学教育的主要方式，是背诵。把那些千古经典背到脑子里，无论将来进书院、考科举、当学者、做官，或从事普通职业，都终身受用。

在忠孝仁义等道德教育、历史知识教育、经学教育之外，所有私塾都会进行极其严格的书法训练。书法水平，在古代社会极其重要。即使是一个学养一般的塾师，其书法也是很出色的，因为他受教育的过程，经历过此种严格训练。不识字的家长，督促孩子学习时，通常严格敦促孩子练字。

从七八岁学到 15 岁（虚龄），秀杰者可以升入学院，那是讲学解经的地方。书院学习阶段，一般完成秀才、举人考试，到十八九岁，就可以参加会试、殿试，考进士。苏轼（1037—1101）20 岁那年（1057）考中进士，他弟弟苏辙同年中进士，只有 18 岁。

那些不再进入书院深造、涉足科举的学子，私塾毕业之后散入各业各界，在社会上也是文化程度很高的人，他们是基层社会的栋梁。

塾师多为落第秀才或老童生，戴名世 19 岁开馆授徒，算是最有才华的塾师。也有一些官宦之家，延聘名重天下的文章家和学者担任家学塾师，称“西宾”。这种高水平的塾师，往往兼任幕僚，常给主人理政、理财出谋划策。所以，“西宾”一词，既指塾师，也指幕友，实因二者兼于一身也。

私塾一直流行到民国末年。直至中华人民共和国成立，国家大办学堂，一步步普及国民教育，私塾于是消失。近年以来，由于国学热持续发展，许多热心者招生教授古代经典，并将自己的教育机构命名为书院。此类书院之大多数，其实跟古代私塾更为接近。即使如此，它也只是为学龄前儿童或中小学生课外学习提供教学服务。它与当今官办学校，不是并列关系，而是补充关系。

副课文

陈宝箴变法图强

陈宝箴，字右铭，江西义宁（今修水县）人。少负志节，诗文皆有法度，为曾国藩所器。以举人随父伟琳治乡团，御粤寇。已而走湖南，参易佩绅戎幕，军来凤、龙山间。石达开来犯，军饥疲，走永顺募粮，粮至不绝，守益坚，寇稍稍引去。宝箴之江西，为席宝田画策歼寇洪福瑱（洪秀全长子）。事宁，叙知府，超授河北道。创致用精舍，遴选三州学子，延名师教之。迁浙江按察使，坐事免。

湖南巡抚王文韶荐其才，光绪十六年，召入都，除湖北按察使，署布政使。二十年，擢直隶布政使，入对。时中东战亟，见上形容忧悴，请日读圣祖《御纂周易》，以期变不失常。他所陈奏语甚多，并称旨。上以为忠，命治糈（xǔ）台（负责文书的机构），专折奏事。《马关和约》成，泣曰："殆不国矣！"

明年，以荣禄荐，擢湖南巡抚。抚幕有任驎者，植党私利，至即重治之。直隶布政使王廉为关说，据以上闻，廉获谴。覆按史念祖被劾事，尽暴其任用非人状，念祖遂褫职。繇是有伉直声。湘俗故暗傒（àn sài），宝箴思以一隅致富强，为东南倡。先后设电信，置小轮，建制造枪弹厂，又立保卫局、南学会、时务学堂。延梁启超主湘学，湘俗大变。又疏请厘（lí）正学术及练兵、筹款诸大端。上皆嘉纳，敕令持定见，毋为浮言动，并特旨褒励之。是时张之洞负盛名，司道咸屏息以伺。宝箴初绾（管理）鄂籓，遇事不合，独与争无私挠。之洞虽不怿，无如何也。久之，两人深相结，凡条上新政皆联衔，而鄂抚谭继洵反不与。

会康有为言事数见效。宝箴素慕曾（国藩）、胡（林翼）荐士，因上言杨锐、刘光第、谭嗣同、林旭佐新政。上方诏求通变才，遽擢京卿，参新政。于是四人上书论时事无顾忌。宝箴又言四人虽才，恐资望轻，视事过易，原得厚重大臣如之洞者领之。疏上而太后已出训政，诛四京卿。罪及举主（举荐者），宝箴去官。其子主事三立亦革职。并毁湘学所著《学约》《界说》《札记》《答问》诸书。宝箴既去，诸所营构便于民者，虽效益已著，皆废毁无一存云。卒，年七十。

——《清史稿·列传二百五十一》

思考与训练

1.“其园无径，主人不知出，人不知入。”根据此言，谈谈作者戴名世对当时社会持何感情倾向。

2.仔细阅读《陈宝箴变法图强》中如下文字：“时中东战亟，见上形容忧悴，请日读圣祖御纂《周易》，以期变不失常。他所陈奏语甚多，并称旨。”请解释文中“他”字何所指。

第五课 孙悟空拜师

〔明〕吴承恩

题解

唐三藏去西天求取佛教真经，需要护法高人助其克服各种困难。孙悟空一身武功，道行高深，功夫非凡，适合为徒护法。然他无志无的无规矩，半生盲动冲撞，必须戴上一个紧箍，才能为人世间做点正事。本文所写，即野性难驯的孙悟空，归化人间理想和规矩的开端。唐僧则是人间正道正法的代表者。

人物故事

吴承恩（1506—1583）：字汝忠，号射阳山人。淮安府山阳县（今江苏省淮安市淮安区）人。科举不顺，嘉靖中补贡生，曾任浙江长兴县丞。晚年闭门著述。现存明刊百回本《西游记》无作者署名，清代学者吴玉搢，在《山阳志遗》云：据《淮贤文目》记载，《西游记》为吾淮才士吴承恩所著。

主课文

却说那刘伯钦与唐三藏惊惊慌慌，又闻得叫声“师父来也”。

众家僮道："这叫的必是那山脚下石匣中老猿。"太保道："是他！是他！"三藏问："是甚么老猿？"太保道："这山旧名五行山；因我大唐王征西定国，改名两界山。先年间曾闻得老人家说：'王莽篡汉之时，天降此山，下压着一个神猴，不怕寒暑，不吃饮食，自有土神监押，教他饥餐铁丸，渴饮铜汁。自昔到今，冻饿不死。'这叫必定是他。长老莫怕，我们下山去看来。"三藏只得依从，牵马下山。行不数里，只见那石匣之间，果有一猴，露着头，伸着手，乱招手道："师父，你怎么此时才来？来得好！来得好！救我出来，我保你上西天去也！"这长老近前细看，你道他是怎生模样：

尖嘴缩腮，金睛火眼。头上堆苔藓，耳中生薜萝[1]。鬓边少发多青草，颔下无须有绿莎。眉间土，鼻凹泥，十分狼狈；指头粗，手掌厚，尘垢余多。还喜得眼睛转动，喉舌声和。语言虽利便，身体莫能挪。正是五百年前孙大圣，今朝难满脱天罗。

这太保诚然胆大，走上前来，与他拔去了鬓边草，颔下莎[2]，问道："你有甚么说话？"

那猴道："我没话说，教那个师父上来，我问他一问。"三藏道："你问我甚么？"那猴道："你可是东土大王差往西天取经去的么？"三藏道："我正是，你问怎么？"那猴道："我是五百年前大闹天宫的齐天大圣；只因犯了诳上之罪，被佛祖压于此处。前者有个观音菩萨，领佛旨意，上东土寻取经人。我教他救我一救，他劝我再莫行凶，归依佛法，尽殷勤保护取经人，往西方拜佛，功成后自有好处。故此昼夜提心，晨昏吊胆，只等师父来救我脱身。我愿保你取经，与你做个徒弟。”

三藏闻言，满心欢喜道：“你虽有此善心，又蒙菩萨教诲，愿入沙门，只是我又没斧凿，如何救得你出？”那猴道：“不用斧凿，你但肯救我，我自出来也。”三藏道：“我自救你，你怎得出来？”那猴道：“这山顶上有我佛如来的金字压帖。你只上出去将帖儿揭起，我就出来了。”三藏依言，回头央浼[3]刘伯钦道：“太保啊，我与你上山走一遭。”伯钦道：“不知真假何如！”那猴高叫道：“是真！决不敢虚谬！”伯钦只得呼唤家僮，牵了马匹。他却扶着三藏，复上高山，攀藤附葛，只行到那极巅之处，果然见金光万道，瑞气千条，有块四方大石，石上贴着一封皮，却是“唵、嘛、呢、叭、咪、吽[4]”六个金字。三藏近前跪下，朝石头看着金字拜了几拜，望西祷祝道：“弟子陈玄奘，特奉旨意求经，果有徒弟之分，揭得金字，救出神猴，同证灵山；若无徒弟之分，此辈是个凶顽怪物，哄赚弟子，不成吉庆，便揭不得起。”祝罢，又拜。拜毕，上前将六个金字轻轻揭下。只闻得一阵香风，劈手把“压帖儿”刮在空中，叫道：“吾乃监押大圣者。今日他的难满，吾等回见如来，缴此封皮去也。”吓得个三藏与伯钦一行人，望空礼拜。径下高山，又至石匣边，对那猴道：“揭了压帖矣，你出来么。”那猴欢喜，叫道：“师父，你请走开些，我好出来，莫惊了你。”

伯钦听说，领着三藏，一行人回东即走。走了五七里远近，又听得那猴高叫道：“再走！再走！”三藏又行了许远，下了山，只闻得一声响亮，真个是地裂山崩。众人尽皆悚惧，只见那猴早到了三藏的马前，赤淋淋跪下，道声“师父，我出来也！”对三藏拜了四拜，急起身，与伯钦唱个大喏道：“有劳大哥送我师父，又承大哥替我脸上薅[5]草。”谢毕，就去收拾行李，扣背马匹。那马见了他，腰软蹄矬[6]，战兢兢的立站不住。盖因那猴原是弼马温，在天上看养龙马的，有些法则，故此凡马见他害怕。

三藏见他意思，实有好心，真个象沙门中的人物，便叫：“徒弟啊，你姓甚么？”

猴王道：“我姓孙。”三藏道：“我与你起个法名，却好呼唤。”猴王道：“不劳师父盛意，我原有个法名，叫做孙悟空。”三藏欢喜道：“也正合我们的宗派。你这个模样，就象那小头陀一般，我再与你起个混名，称为行者，好么？”悟空道：“好！好！好！”自此时又称为孙行者。

那伯钦见孙行者一心收拾要行，却转身对三藏唱个喏道：“长老，你幸此间收得个好徒，甚喜，甚喜。此人果然去得。我却告回。”三藏躬身作礼相谢道：“多有拖步，感激不胜。回府多多致意令堂[7]老夫人，令荆[8]夫人，贫僧在府多扰，容回时踵[9]谢。”伯钦回礼，遂此两下分别。

却说那孙行者请三藏上马，他在前边，背着行李，赤条条，拐步而行。不多时，过了两界山，忽然见一只猛虎，咆哮剪尾而来，三藏在马上惊心。行者在路旁欢喜道：“师父莫怕他，他是送衣服与我的。”放下行李，耳朵里拔出一个针儿，迎着风，幌一幌，原来是个碗来粗细一条铁棒。他拿在手中，笑道:“这宝贝，五百余年不曾用着他，今日拿出来挣件衣服儿穿穿。”你看他拽开步，迎着猛虎，道声:“业畜！那里去！”那只虎蹲着身，伏在尘埃，动也不敢动动。却被他照头一棒，就打的脑浆迸万点桃红，牙齿喷几珠玉块，唬得那陈玄奘滚鞍落马，咬指道声:“天哪！天哪！刘太保前日打的斑斓虎，还与他斗了半日；今日孙悟空不用争持，把这虎一棒打得稀烂，正是‘强中更有强中手’！”

行者拖将虎来道:“师父略坐一坐，等我脱下他的衣服来，穿了走路。”

三藏道:“他那里有甚衣服？”行者道:“师父莫管我，我自有处置。”好猴王，把毫毛拔下一根，吹口仙气，叫:“变！”变作一把牛耳尖刀，从那虎腹上挑开皮，往下一剥，剥下个囫囵皮来，剁去了爪甲，割下头来，割个四四方方一块虎皮，提起来，量了一量道:“阔了些儿。一幅可作两幅。”拿过刀来，又裁为两幅。收起一幅，把一幅围在腰间，路旁揪了一条葛藤，紧紧束定，遮了下体道:“师父，且去！且去！到了人家，借些针线，再缝不迟。”

他把条铁棒，捻一捻，依旧象个针儿，收在耳里，背着行李，请师父上马。

两个前进，长老在马上问道:“悟空，你才打虎的铁棒，如何不见？”行者笑道:“师父，你不晓得。我这棍，本是东洋大海龙宫里得来的，唤做‘天河镇底神珍铁’，又唤做‘如意金箍棒’。当年大反天宫，甚是亏他。随身变化，要大就大，要小就小。刚才变做一个绣花针儿模样，收在耳内矣。但用时，方可取出。”三藏闻言暗喜。又问道：“方才那只虎见了你，怎么就不动动？让自在打他，何说？”悟空道：“不瞒师父说，莫道是只虎，就是一条龙，见了我也不敢无礼。我老孙，颇有降龙伏虎的手段，翻江搅海的神通；见貌辨色，聆音察理，大之则量于宇宙，小之则摄于毫毛！变化无端，隐显莫测。剥这个虎皮，何为稀罕？见到那疑难处，看展本事么。”三藏闻得此言，愈加放怀无虑，策马前行。师徒两个走着路，说着话，不觉得太阳星坠。但见：

焰焰斜辉返照，天涯海角归云。千山鸟雀噪声频，觅宿投林成阵。

野兽双双对对，回窝族族群群。一勾新月破黄昏，万点明星光晕。

行者道：“师父走动些，天色晚了。那壁厢树木森森，想必是人家庄院，我们赶早投宿去来。”三藏果策马而行，径奔人家，到了庄院前下马。行者撇了行李，走上前，叫声：“开门！开门！”那里面有一老者，扶筇[10]而出；唿喇的开了门，看见行者这般恶相，腰系着一块虎皮，好似个雷公模样，唬得脚软身麻，口出谵语[11]道：“鬼来了！鬼来了！”

三藏近前搀住叫道：“老施主，休怕。他是我贫僧的徒弟，不是鬼怪。”

老者抬头，见了三藏的面貌清奇，方然立定，问道：“你是那寺里来的和尚，带这恶人上我门来？”三藏道：“我贫僧是唐朝来的，往西天拜佛求经。适路过此间，天晚，特造檀府借宿一宵，明早不犯天光就行。万望方便一二。”老者道：“你虽是个唐人，那个恶的，却非唐人。”悟空厉声高呼道：“你这个老儿全没眼色！唐人是我师父，我是他徒弟！我也不是甚‘糖人’‘蜜人’，我是齐天大圣。你们这里人家，也有认得我的。我也曾见你来。”

那老者道：“你在那里见我？”悟空道：“你小时不曾在我面前扒柴？不曾在我脸上挑菜？”老者道：“这厮胡说！你在那里住？我在那里住？我来你面前扒柴挑菜！”悟空道：“我儿子便胡说！你是认不得我了，我本是这两界山石匣中的大圣。你再认认看。”老者方才省悟道：“你倒有些象他；但你是怎么得出来的？”悟空将菩萨劝善、令我等待唐僧揭帖脱身之事，对那老者细说了一遍。老者却才下拜，将唐僧请到里面，即唤老妻与儿女都来相见，具言前事，个个欣喜。又命看茶。茶罢，问悟空道：“大圣啊，你也有年纪了？”悟空道：“你今年几岁了？”老者道：“我痴长一百三十岁了。”行者道：“还是我重子重孙哩！我那生身的年纪，我不记得是几时；但只在这山脚下，已五百余年了。”老者道：“是有，是有。我曾记得祖公公说，此山乃从天降下，就压了一个神猴。只到如今，你才脱体。我那小时见你，是你头上有草，脸上有泥，还不怕你；如今脸上无了泥，头上无了草，却象瘦了些，腰间又苫了一块大虎皮，与鬼怪能差多少？”

一家儿听得这般话说，都呵呵大笑。这老儿颇贤，即令安排斋饭。饭后，悟空道："你家姓甚？"老者道："舍下姓陈。"三藏闻言，即下来起手道："老施主，与贫僧是华宗。"

行者道："师父，你是唐姓，怎的和他是华宗？"三藏道："我俗家也姓陈，乃是唐朝海州弘农郡聚贤庄人氏。我的法名叫做陈玄奘。只因我大唐太宗皇帝赐我做御弟三藏，指唐为姓，故名唐僧也。"那老者见说同姓，又十分欢喜。行者道："老陈，左右打搅你家。我有五百多年不洗澡了，你可去烧些汤来，与我师徒们洗浴洗浴，一发临行谢你。"

那老儿即令烧汤拿盆，掌上灯火。师徒浴罢，坐在灯前。行者道："老陈，还有一事累你，有针线借我用用。"那老儿道："有，有，有。"即教妈妈取针线来，递与行者。行者又有眼色，见师父洗浴，脱下一件白布短小直裰[12]未穿，他即扯过来披在身上，却将那虎皮脱下，联接一处，打一个马面样的折子，围在腰间，勒了藤条，走到师父面前道："老孙今日这等打扮，比昨日如何？"三藏道："好！好！好！这等样，才象个行者。"三藏道："徒弟，你不嫌残旧，那件直裰儿，你就穿了罢。"悟空唱个喏[13]道："承赐！承赐！"他又去寻些草料喂了马。此时各各事毕，师徒与那老儿，亦各归寝。

（选自《西游记·第十四回　心猿归正　六贼无踪》）

注释

[1] 薜萝(bì luó)：薜荔和女萝，二者均为野生藤蔓植物，常攀缘林木或屋壁。

[2] 颔下莎(suō)：下巴颏边的莎草。颔，下巴颏。莎(suō)草，多年生草本植物，地下块根称“香附子”，可入药。用于人名、地名时念shā。

[3] 央浼(měi)：恳求。

[4] 唵(ōng)、嘛(mā)、呢(nī)、叭(bēi)、咪(mēi)、吽(hòng)：此为佛教中著名六字大明咒发音。原为梵文，此六字为汉字译音。系大慈大悲观世音菩萨咒。象征一切诸菩萨的慈悲与加持。佛教认为，此咒语具有降魔、治病、去障、免灾等法力。

[5] 薅(hāo)：揪扯、拔除、摘取。

[6] 矬(cuó)：身小貌陋，或将身子蜷缩起来。马见到孙悟空，腰软蹄矬，因心理紧张而蜷缩也。

[7] 令堂：对对方母亲的尊称。

[8] 令荆：对对方妻子的尊称。

[9] 踵(zhǒng)：至，亲到。

[10] 筇(qióng)：竹手杖。

[11] 谵(zhān)语：精神错乱时所说胡话。

[12] 直裰(duō)：古代僧人所穿大领长衣。

[13] 喏(rě)：古代表示敬意的呼喊。念nuò时，表示招呼他人注意某物某事。

参考译文

本文为浅易文言文，译文略。

赏析与写作指导

金箍棒与紧箍咒

在中国四大文学名著中，《西游记》是唯一以佛教为主导价值的著作，也是唯一始终将宗教神话世界与现实世界组织在一起的作品（《水浒传》《红楼梦》只在开头引入神话因素）。

《西游记》开头有两条线，头几回神猴任性撒泼，造反叛道，虽功夫盖世，造化卓异，却不为仙界所容，被五指山镇压500年。接下来几回是唐玄奘敛性修佛，造诣高深，僧俗两界，目为尊者。受天子派遣，往西天圣地求法取经。

到第十四回，美猴王与唐玄奘两条线合在一起。一个共同的目标，把二者命运连在一起。一个是师父，一个是徒弟。一个是主导，一个是跟从。一个心中怀有大目标，无论冷暖吉凶，都静若止水，岿然不动安如山。一个心中牵挂琐屑事务，诸如夜则投宿，饥则化斋，遭遇妖怪则奋不顾身冲锋陷阵，好为师父的大目标保驾护航。二者谁高谁低，一目了然。

唐玄奘还给美猴王取了一个名字，让他从此能够有个身份进入人间，这等于赋予他凡间生命，既把他从天神降格为凡人，也把他从荒野畜生升华为人间大丈夫。

孙悟空上天入海、降妖除魔、法力无边、功高盖世，却成为从者，唐玄奘目无识妖之明，脚无跋涉之能，手无缚鸡之力，口无化诬之辩，却成为主导。为何如此？这就得看站在谁的立场说话。在唐玄奘看来，孙悟空野性未驯，任性冲动，咋咋呼呼，无法无天。若是没个紧箍咒，只会贻害天地。在孙悟空看来，唐玄奘懦弱愚顽，呆板迂腐，是非不明，善恶不分，帮他识破妖怪伪装千百回，他还会把伪装当真。若是没有神界和徒弟襄助，只是庸夫一枚。

《西游记》当然是站在唐三藏立场说话的，所以全书的主导、优势、正确，永远在唐玄奘这里。不因唐三藏在血缘上跟吴承恩亲近些，而因吴承恩要用唐三藏代表人类、代表文明、代表文化。所以，唐三藏是教化者，孙悟空是被教化者。这个关系模式，是铁定的，不可颠覆，不可讨论的。

唐三藏与孙悟空，互补互依。没有孙悟空的金箍棒，唐三藏早就被妖怪吃肉嚼骨，化粪化草。野蛮自有野蛮之用啊。没有唐三藏的紧箍咒，孙悟空就只会反叛天宫，满宇宙树敌，还得山压万年受尽屈辱。文明自有文明之道啊。古代国家为什么既要礼部，又要兵部？道理即在此。

尽管相互依存，主次还是要讲究的，教化与被教化的关系，不可丝毫紊乱。唐玄奘与孙悟空第一次相会，就结成了教化与被教化、主导与跟从的关系模式，这是《西游记》真正的开头。唐三藏为什么要上西天取经，就是为了教化更多的人，教化整个世界。一部以教化为主题的文学作品，当然也要以教化开头。

连一个野生动物都能循其灵性教化过来，纳入求道求经的文化大业中，对人间众生的度化与教化，还用得着灰心吗？

大圣啊，你就好好干吧，再多的紧箍咒也得忍到底。只要真经到手，世界一定光明欢喜。刚见面时，你就穿上了人间大唐的白布短小直裰，取经回来，再给你颁发一个人间大唐的身份证，值啊。

你不需要？可是人家吴承恩需要啊，唐三藏也需要啊。僧也罢，儒也罢，都是自作多情的主儿。你就体贴一下吧，不看僧面看佛面啊。

延伸知识

书院兴衰话沧桑

书院，是中国古代藏书、编书、印书、教书、讲学、研究、著述、祭祀的文化教育机构，从唐至清，兴盛了1000多年。

中国的官学与私学，古已有之。书院的名称直到唐代才出现。隋代发明了科举制度，唐代进一步完善之。唐玄宗开元六年（718），将朝廷乾元院改名为丽正修书院，开元十三年（725）把丽正修书院改名为集贤殿书院，置学士、直学士、侍读学士、修撰官，负责刊辑经籍、搜求遗书、辨明典章，以备顾问应对。

为了帮助士民子弟应对科举考试，民间兴起一种比私塾层次更高的传经讲学机构，攀附官府机构雅称，也名曰书院。书院一般招收在私塾经过初步学习的杰出少年，为他们提供深造提升机会。科举制度成熟以后，来书院求学者越来越多，于是书院在全国遍地开花，日趋兴盛。生徒多为 15 岁（虚龄）入学，经过几年的学习，他们一步步考取秀才、举人、进士，成为治国之才。宋末宰相江万里，在白鹿洞书院上学后，考取进士。宋末宰相文天祥，在江万里创办的白鹭洲书院（位于今江西吉安市）上学后，考取状元。

宋代，书院发展最为蓬勃。以讲学为主、直接服务于科举考试的书院日渐增多。随着南宋理学的发展，书院逐渐成为学派传播思想学术的场所。宋代最著名的有四大书院：江西庐山的白鹿洞书院、河南商丘的应天府书院、湖南长沙的岳麓书院、河南登封的嵩阳书院，被称为四大书院。其中白鹿洞书院，系四大书院之首，一度成为官方指定的指导全国所有书院的龙头老大。

白鹿洞书院，位于江西省九江市庐山五老峰南麓，是世界文化景观。唐代李渤曾隐居于此，养一白鹿相伴，故得名。南唐政权在此建有“庐山国学”（又名“白鹿国学”），是中国历史上唯一由中央政府在京城之外设立的国学机构（南唐国都为今南京）。

南宋淳熙六年（1179），大学者朱熹出任南康军（今江西省庐山市）知军。他考察了白鹿洞书院遗址，感觉此处为办学嘉地，决定修复书院。他安排军学教授、星子知县等人筹措诸事，一面奏告朝廷。孝宗特赐御书匾额予以支持。次年举行开学典礼，朱熹登坛开讲。随后大学者陆九渊来此讲学，所讲《白鹿洞书堂讲义》振聋发聩，名动天下。朱熹总结前人办学规矩及禅林清规经验，制定了《白鹿洞书院学规》，受到天下认同。

清初统治者曾对书院的活动严加控制，乾隆、嘉庆期间，转堵为导，引导书院在校勘、考据、藏书上多下功夫，书院由此一片繁荣，达到2000余所。其官学化现象也颇为明显，民间教育机构的身份有了微妙改变。

近代以降，中国遭遇西方殖民者持续侵凌、掠夺，古老制度日益动摇，古老文化及其相关教育制度遭遇质疑和抛弃。光绪二十七年（1901），清朝廷下令废除书院制度，将书院一律改设为新式学堂。绵延1000多年的书院制度，由此终结。

百余年之后，随着传统文化热的风行，当代中国重新兴起一股书院热。今日书院非往昔书院，不再是传播经学、承载传统文化的空间，而是传播蒙学、交流艺术品的机构。

副课文

左宝贵平壤殉国

左宝贵，字冠廷，山东费人。咸丰初，隶江南军。尝令当前敌，阵既接，旗兵中炮，殪（yì，死）。宝贵持其帜冲锋入，大捷，由是知名。获苗沛霖，克金陵，频有功。后以游击从僧格林沁讨捻，积勋至副将。

光绪初，尚书崇实巡视奉天、吉林，奏自随。既至，斩高希珍于土门，诛宋三好于石砬子。边外东北庙沟金官四构党图大举，复捕治之，余烬悉平。赐号铿色巴图鲁，晋记名提督。授高州镇总兵，仍留奉天。平朝阳教匪，赏黄马褂、双眼花翎，驻沈阳。

二十年，朝鲜乱起，日本进兵。朝议既决战，卫汝贵、马玉昆、丰绅阿各率所部往御之。宝贵自奉天来会，是为四大军。虑海道梗，乃绕道自辽东行，渡鸭绿江入平壤。是时叶志超虚饰战胜状，电李鸿章入告，遂拜总统诸军命（担任总指挥）。于是汝贵、玉昆军（驻扎）南门外大同江，志超部将江自康军北门外小山，宝贵任城守。未止舍，日军猝至。宝贵与丰绅阿击却之。敌退龙冈，分道来攻，又败之。志超乃聚全军为婴城（环城而守）计。

时宝贵扼玄武门，日军大队至。志超将溃围（突围）北归，宝贵不从，以兵守志超勿令逸（不让总指挥逃跑）。宝贵狃（niǔ）于捕马贼之功，颇轻敌。日军舆炮散置山巅，谍者以告，若弗闻。登城指麾，中炮，踣（bó，跌倒），犹能言。及城下，始殒。其部将负尸开城走，遇日军，又弃之，于是诸军皆溃。事闻，赠太子少保，谥忠壮，予骑都尉兼一云骑尉世职，子国楫袭。

——《清史稿·列传二百四十七》

思考与训练

本课开头有一首词，描述美猴王在五行山下煎熬500年的容颜风貌。请仔细玩味其写法。你读后有何感受？这样写对故事情节的发展和文化寓意有什么影响？

尖嘴缩腮，金睛火眼。头上堆苔藓，耳中生薜萝。鬓边少发多青草，颔下无须有绿莎。眉间土，鼻凹泥，十分狼狈，指头粗，手掌厚，尘垢余多。还喜得眼睛转动，喉舌声和。语言虽利便，身体莫能挪。正是五百年前孙大圣，今朝难满脱天罗。

经部

第六课 人不知而不愠

〔春秋〕孔子

孔子告诫学生，为人处世，不要天天抱怨环境恶劣、世道不公，而应虔诚修炼，埋头苦学，达到圣人那样的本事和修为。这种求诸内、重自省的精神倾向，是中国“内圣外王”文化的基本特征之一，它成全了历史上无数雄才大略、改天换地的伟人。

人物故事

孔子（前 551—前 479）：祖籍宋国，生于鲁国。古代儒学集大成者，中国历史上影响最大的思想家、教育家。曾在鲁国担任过四年公职，官至大司寇。当时鲁国三桓（卿大夫孟孙氏、叔孙氏和季孙氏）擅权，公室衰弱。这种政治格局不合周礼。孔子想削弱三桓，强化鲁君权势，受到鲁国三桓的抵制。孔子无法继续履职，只好辞官去周游列国，试图到其他国家推行自己克己复礼、仁政爱民的政治主张。东奔西走 14 年，毫无所获，最后只好回到鲁国办学教书，并整理古代文献。传说古代六经诸如《周易》《春秋》《诗经》等都经过他的整理。《论语》成书于孔子身后，系孔子弟子和再传弟子记录孔子言论，结集为书。

汉代以后该书逐渐受到执政者重视，对中国历史文化和士大夫思想产生了巨大影响。宋以后有“半部论语治天下”的俗语。

曾子（前 505—前 435）：名参，字子舆，鲁国南武城人。16 岁拜孔子为师，勤奋好学，颇得孔子真传。一生积极实践和推行以仁孝为核心的儒家主张，传播儒家思想。他的修齐治平的政治观，省身、慎独的修养观，以孝为本的孝道观影响中国 2000 多年，至今仍具有极其宝贵的社会意义和实用价值，是当今建立和谐社会的丰富思想资源。编《论语》、撰《大学》、写《孝经》、著《曾子十篇》，被后世尊奉为“宗圣”，是配享孔庙的四配之一。本课选录他语录几则。

主课文

子曰[1]：“学而时[2]习[3]之，不亦说[4]乎？有朋[5]自远方来，不亦乐乎？人不知而不愠[6]，不亦君子乎？”

子曰：“不患[7]人之不己知[8]，患其不能也。”

子曰：“君子病[9]无能焉，不病人之不己知也。”

子曰：“不患无位[10]，患所以立[11]。不患莫己知，求为可知[12]也。”

子曰：“不患人[13]之不己知，患不知人[14]也。”

曾子曰：“吾日三省吾身[15]：为人谋[16]而不忠[17]乎？与朋友交而不信[18]乎？传不习乎[19]？”

（选自《论语》）

注释

[1] 子曰：孔子说。“子”系“夫子”简称。周代以“子”“夫子”称贵族子弟和公卿大夫，后演变为对老师的尊称。

[2] 时：适当的时候。同“使民以时”(《论语》)、“时使薄敛，所以劝百姓也”(《中庸》)之“时”。

[3] 习：演习、实践。

[4] 说：同“悦”。

[5] 朋：《论语义疏》中载：“同处师门曰朋，同执一志为友。”

[6] 愠：怒，生气。不愠，不生气，也就是平和愉悦，与前两句的“说”“乐”相呼应。

[7] 患：忧，担心。

[8] 人之不己知：“之”字用于取消“人不己知”句子独立性，以使该句子成为动词“患”的宾语。不己知，不认可自己。动词“知”与宾语“己”倒装。下文“不病人之不己知也”同此。

[9] 病：责备，怨恨。

[10] 不患无位：位即职位、官位。

[11] 所以立：所用以胜任官位、建功立业的修为和才干。

[12] 可知：值得了解、认可、任用。

[13] 人：他人。

[14] 不知人：对他人缺乏了解、包容和肯定。

[15] 吾日三省吾身：日，每日。三省(xǐng)，多次向内心检查自己。三者，多也。

[16] 谋：谋划。此指办事。

［17］忠：尽心尽力。

［18］信：按照礼的规范坚守信用。

［19］传不习乎：传指传给学生的知识。传给学生的知识自己是不是反复操练、落实到实践中。南北朝梁国学者皇侃在《论语义疏》中也持此解。他说："凡有所传述，皆必先习，后乃可传。"有人认为"传"当指老师传给曾子的知识，即取学生角度理解词语。但编写《论语》时，这条曾子语录显然是曾子的学生所记录，曾子以老师身份出此言，故作是解。

参考译文

孔子说："学而且按适当时机实践，不是很愉悦吗？还有更多的求学者从远处络绎赶来，参与咱们的团队，不是很快乐吗？别人不理解、不认可我们，我们不因此郁闷、恼怒，这不就是君子胸怀吗？"

孔子说："不担心他人不认可自己，只担心自己没有足够的修为和才干。"

孔子说："君子只恨自己缺乏修为与才干，不责备他人不认可自己、不给自己委任官位。"

孔子说："不担心得不到官位，应该思谋自己是不是具备得以胜任官位、建功立业的修为和才干。不担心他人不认可自己，应该努力精进，使自己值得他人认可和任用。"

孔子说："不担心他人不认可自己，应该担心自己缺乏眼光和胸怀，不能了解、包容和认可他人。"

曾子说:“我每天多次反省自己的言行，为人办事是不是尽力了？跟朋友相处是不是恪守信义？传授给弟子的大道是不是自己不敢奉行？”

赏析与写作指导

从内圣到外王

很多人期望成为“外王”，在历史舞台上叱咤风云、建功立业。可是，历史机遇只会成全那些有备而来者，所以成大业者必须做大准备。《论语》所记，大多是孔子训导弟子之言。弟子投奔孔门，就是来谋学求道的，来做“准备”的。所以孔子天天对他们说，别担心将来没有官位，没有平台，你们得想想自己究竟有多大本事。不修“内圣”，何成“外王”？你们先在“内圣”上做足功课吧。从“人不知而不愠”，到“患其不能也”，再到“求为可知也”，最后提出“患不知人也”。这是个步步提高以至于无穷的修炼过程。

“知人”的概念特别重要。天天抱怨“人不知”，天天期待他人“知”，为何不要求自己“知人”呢？如果“不知人”，何以发展到参化天地、包容万物、忧劳百姓、体恤众生的内圣境界？如果“不知人”，何以能成就因俗设礼、随性行教的外王大业？

孔子的魅力，为何万年不衰，因为他已经把众生性情、世间万象参透了，其说其学，自成一体，完满圆融。

《礼记·大学》（据说为曾子所著）将君子的成长、发展过程，总结为“修身、齐家、治国、平天下”这个修齐治平公式，成为儒家学者世代尊奉的圭臬。其所呈现者，即圣贤之徒由内圣到外王的发展道路。2000 多年来，这条道路上走出了无数巨人贤士。可见孔子主张的方略，行之有效。

有人爱说“成为你自己”，有人爱说“做好你自己”，其实都有内修之意。不过其目标较低，没有冲着“外王”目标打冲锋。别以为调门低就好，这恰恰失去了儒家“外王”的进取心和价值动力。儒家“外王”目标，乃是要按照圣人“忧劳百姓”“修己安人”的要求，为兆民福祉贡献自己的能量和生命。

所以，儒家修身包含着“利他”的指向。如果没有这个指向，所有的“修己”“做自己”“成为自己”，都只能通向道家超然物外的境界。这是儒与道的分野所在。

《淮南子·俶真训》认为，孔墨之徒以仁义喻世疲惫萎靡，无以服人，皆因其学重外不重内也。(“孔、墨之弟子，皆以仁义之术教导于世，然而不免于儡，身犹不能行也。又况所教乎？是何则？其道外也。”）此说真乃“人之不己知”也。

儒家致力于匡时救世，奔波于治乱兴衰，不以骸骨安危为虑，正是其内道功力所致也。《俶真训》敢说其重外不重内，何其隔膜也。

《淮南子·精神训》向往一种万物一体、天人合道、置生死于度外的自由境界（“其生我也，不强求已，其杀我也，不强求止。欲生而不事，憎死而不辞”)，儒家的替天行道、视死如归，又怎么会比这个容易呢？此乃齐生死、等内外之境界也，内外浑然为一也。

为儒为道，你且自择吧。禀赋有别，志趣有差，各舒其意，各得其宜即好。

延伸知识

《论语》由谁编撰?

《论语》所载主要为孔子言论，但并非孔子所著。一般认为，《论语》成书于前 540—前 400 年，离孔子辞世（前 479）至少晚几十年。孔子的学生，以及学生的学生，根据孔子教学、社交、日常活动中的言谈，选辑一部分编集成书，于是有了《论语》。

从言论来源而言，《论语》中的孔子言论，大多是回答学生提问、君王公卿咨询，所以颇有针对性。比如，不同的人问孝，他会根据各人特点给予不同的回答，以便对问者的思想行为有所拨正。

《论语》中言论均极为简短，也缺乏说话时的情境交代，这给理解孔子的言论带来了一些困难。但只要反复涵泳，认真领会，总是能找到圣人脉搏的。

副课文

圣教施于蛮貊

然近日风俗人心之坏，更宜讲求挽救之方。盖风俗弊坏，由于无教。士人不励廉耻，而欺诈巧滑之风成；大臣托于畏谨，而苟且废弛之弊作。而“六经”为有用之书，孔孟为经世之学，鲜有负荷宣扬，于是外夷邪教，得起而煽惑吾民。直省之间，拜堂（教堂）棋布，而吾每县仅有孔子一庙，岂不可痛哉！

今宜亟立道学一科，其有讲学大儒，发明孔子之道者，不论资格，并加征礼，量授国子之官，或备学政之选。其举人愿入道学科者，得为州、县教官。其诸生愿入道学科者，为讲学生，皆分到乡落，讲明孔子之道。厚筹经费，且令各善堂助之。并令乡落淫祠，悉改为孔子庙，其各善堂、会馆俱令独祀孔子，庶以化导愚民，扶圣教而塞异端。

其道学科有高才硕学，欲传孔子之道于外国者，明诏奖励，赏给国子监、翰林院官衔，助以经费，令所在使臣领事保护，予以凭照，令资游历。若在外国建有学堂，聚徒千人，确有明效，给以世爵。余皆投牒学政，以通语言、文字、测绘、算法为及格，悉给前例。

若南洋一带，吾民数百万，久隔圣化，徒为异教诱惑，将沦左衽。皆宜每岛派设教官，立孔子庙，多领讲学生（师资），分为教化。将来圣教施于蛮貊，用夏变夷，在此一举。且借传教为游历，可诇（xiòng，侦察）夷情，可扬国声，莫不尊亲，尤为大义矣。

——〔清〕康有为《康有为政论集·公车上书》

思考与训练

1. 本课内容，就是教导青少年怎样成为“内圣”。对于2500年之前的青少年有效，对于今天的青少年，是否也有效呢？对于万年之后的青少年，是否还依然有效呢？这话题真值得讨论一番。你有合适的讨论伙伴吗？如果没有，就一头扎进《论语》《大学》《孝经》中，跟这些文字深入交流一番，你的收获一定出乎意料。

2. 副课文《圣教施于蛮貊》云:“盖风俗弊坏，由于无教。”请解释“教”何所指。

第七课 修己安人

〔春秋〕孔子

题解

本文几则语录认为，成为君子无非内修外为两个标准，内修应达到克服邪念、解除困惑的效果，外为则应实现“安人”“安百姓”的理想。

人物故事

子张（前504—？）：即颛孙师。复姓颛孙，名师，字子张，陈国人，孔门十哲之一。特重德行修养。孔子说：“柴也愚，参也鲁，师也辟，由也喭。”品之曰“辟”，说明他耿直偏激。

樊迟（前515—前454）：即樊须，名须，字子迟。鲁国人。孔门七十二贤之一。曾向孔子请教如何种地，受到孔子斥责。他像孔子那样兴教办学，于儒家思想传播甚有作为。

子路（前542—前480）：即仲由，字子路，又字季路。鲁国卞（今山东省泗水县）人。孔门十哲之一。为人伉直，好勇力，有政治才干。事卫国时遭遇宗室父子争位，对阵厮杀。交锋时停下来结帽缨而被杀死。

主课文

子张问崇德[1]辨惑[2]。子曰："主忠信[3]，徙义[4]，崇德也。爱之欲其生，恶之欲其死。既欲其生，又欲其死，是惑也。'诚不以富，亦祇[5]以异'。"

樊迟从游于舞雩[6]之下，曰："敢问崇德，修慝[7]，辨惑。"子曰："善哉问！先事[8]后得[9]，非崇德与？攻其[10]恶，无攻人之恶[11]，非修慝与？一朝之忿，忘其身，以及其亲，非惑与？"

子曰："人无远虑[12]，必有近忧。"

子路问君子。子曰："修己[13]以[14]敬[15]。"曰："如斯而已乎？"曰："修己以安人[16]。"曰："如斯而已乎？"曰："修己以安百姓[17]。修己以安百姓，尧舜其犹病[18]诸？"

（选自《论语》）

注释

[1] 崇德：提高道德。

[2] 辨惑：强化理智，抑制冲动，化解迷惑和困惑。

[3] 主忠信：以忠信为信念，为支柱。

[4] 徙义：徙于义，接近义，唯义是从。徙，移动，趋近。

[5] 祇（zhī）：恭敬。

[6] 舞雩（yú）：舞雩台，是鲁国求雨的坛，在曲阜东。祭天求雨时，命女巫舞于神坛，故称舞雩。雩，古代一种求雨的

祭祀仪式。

[7] 修慝（tè）：去恶念，反思自己的过错。

[8] 事：付出劳动。

[9] 得：收取回报。

[10] 其：己。

[11] 恶：邪念、过错。

[12] 远虑：长远的目标和谋划。虑，忧虑、谋划。

[13] 修己：修炼自己，克制私心、邪念、欲望。

[14] 以：而，连词。

[15] 敬：诚敬处世。

[16] 人：士大夫以上的群体.

[17] 百姓：民，庶民，老百姓。

[18] 病：瑕疵。

参考译文

子张向孔子请教怎样才能提高道德，辨析迷惑。孔子说：“以忠信为信念，主动向义接近，就能提高道德。爱一个人，就希望他长生不老，恨一个人，就希望他赶快死去。如果既想他长寿，又想诅咒他早死，这就叫迷惑。《诗经》说：确实不是我嫌你贫穷，而是应该恭敬地对待咱们关系的变异。学习《诗经》中这种冷静、克制的态度，就能摆脱迷惑的纠缠。”

樊迟陪孔子在舞雩台下游览，对孔子说：“我能请教一下怎样提高道德、克制邪念、辨析迷惑吗？”孔子说：“你提的问题太好了。先付出辛苦干好工作，然后收取报酬，不就是提高自己的品德吗？多批评自己的邪念，少计较别人的歪心思，不就能避免邪念的纠缠吗？因为偶发的愤怒，不考虑自身的后果，甚至也忘记了父母家人所付出的代价，这不就是迷惑吗？”

孔子说：“人如果没有长远的目标和谋划，那么，一定会遭遇近在眼前的麻烦。”

子路向孔子请教怎样才能成为君子。孔子说：“好好修炼自己，以敬畏之心面对生活。”子路说：“这样就可以了吗？”孔子说：“好好修炼自己，以便能造福于士大夫群体。”子路说：“这样就可以了吗？”孔子说：“好好修炼自己，以便能造福于普通老百姓。修炼自己而造福于普通老百姓，连尧舜都担心自己做不好。”

赏析与写作指导

安人与为民

孔子与子路讨论修身问题，涉及三个层次，第一是做好自己，第二是造福于士大夫，第三是造福于百姓庶民。对话步步升华，渐入化境。修身学说求诸内和发乎外两个维度，在这则对话中都有体现。在孔子的思想世界，尧舜禹汤通过修内而成圣，通过事外而成王。帝王不是通过征伐天下而成就，乃通过服务天下而成就。服务对象不限于帝王将相士大夫，而是包括庶民在内的社会全体成员。本课文明确表达了这种思想主张。

一个人的道德建设和事功建设，都必须从修身起步。修身被儒家提高到为人之“本”，这一点《大学》有明确表述：“物格而后知至，知至而后意诚，意诚而后心正，心正而后身修，身修而后家齐，家齐而后国治，国治而后天下平。自天子以至于庶人，壹是皆以修身为本。”（《大学》）在这段文字之前，是一段逆向表述：“古之欲明明德于天下者，先治其国，欲治其国者，先齐其家；欲齐其家者，先修其身；欲修其身者，先正其心；欲正其心者，先诚其意。”（《大学》）

修身首先是精神的、道德的自我建设。这种自我建设不是为了独善其身，不是为了当隐士逸民，而是要担当责任，肩负起天下兴亡。修身的内在目标和外在目标，在《大学》中表述得十分明确。

当今常有人批评孔子学说只为统治阶级服务，只维护统治阶级利益。此论未必如实，《论语》《大学》均非此意。孔子志在天下，其终极目的是天下太平，各安其业，各司其职，万物和谐，世界大同。统治阶级是强者，他们有能力劫掠一方，逞其私欲。孔子以礼乐拯救天下，谴责弑君叛主，正是为了遏制统治阶级的欲望，保证天下由安定而温饱、由温饱而小康、由小康而大同。其说常常护卫着庶民百姓的根本利益。当他把安定百姓当作最高目标指示给子路时，实际上是对百姓的利益赋予最高的合法性和严肃性。

在另一个场合，孔子回答子贡的请教时，表现了同样的关怀与倾向。子贡曰:“如有博施于民而能济众，何如？可谓仁乎？”子曰:“何事于仁！必也圣乎？尧舜其犹病诸！夫仁者，已欲立而立人，已欲达而达人。能近取譬，可谓仁之方也已。”当他听见“博施于民而能济众”时，眼睛突然闪亮起来，神气突然振奋起来。那何止是仁啊，那就是圣啊。既然“圣”是孔子设定的修己求道的最高境界，不难推断，“博施于民而能济众”，也就是孔子所期望的治国理政的最高目标。

虽然孔子像所有其他伟人一样，难于超越自己的时代，不可能提出人人平等或者阶级平等的主张，但是，在他的政治想象中，“民”与“人”一样，一直是他服务的对象、帮助的目标。

当代学者河清将中国古代政治哲学的起点，概括为“为民”，堪称慧眼识珠。

中国的“为民”学说，是一种非常早熟的政治学说。殷商西周时代即已发端，到春秋战国已蔚成体系，臻于完成。

“为民”思想，在《尚书》中就多有表述:“用康保民”(《尚书·康诰》),“王启监，厥乱为民”(《尚书·梓材》)。《左传》的“天生民而立之君”(襄公十四年)和“天生民而树之君”(文公十三年)，已含有君是“为民”而立之意。到了荀子便明确点出:“天之生民，非为君也；天之立君，以为民也。”(《荀子·大略》)

“民”不是“为君”而存在，但“君”却是“为民”而立身。为了“民”的利益，为了“民”的福祉……构成了君主施政的根本。君只有通过“为民”，才能真正“为己”。

荀子有一个政治学上的千古妙喻："君者，舟也；庶人者，水也。水则载舟，水则覆舟。"(《荀子·王制》)舟只有与水保持平衡，水才"载舟"；如果舟无视水之性，肆意荡水，水就会"覆舟"。这 17 个字，形象地把"政治"的终极真谛揭示无遗。(河清:《民主的乌托邦》，第 133 页，中国社会科学出版社，2004 年。)

另一本书中，孔子回答鲁哀公的话，与《荀子·王制》所记基本一致。"夫君者，舟也；庶人者，水也；水所以载舟，亦所以覆舟，君以此思危，则危可知矣。"(《孔子家语·五仪解第七》)

将孔子这些政治思想概括为维护等级制，或者概括为为统治阶级服务，不是离题万里吗?

孔子崇尚周礼、倡导仁政，都是为了实现他的小康目标和大同理想，只有在小康目标和大同理想中，庶民百姓的尊严、福利才能得到最好的保障。

20 世纪有一个十分流行的词语，叫作"为人民服务"。这句格言被整整一代富于理想的华夏儿女奉为圭臬，并且赋予其神圣性质。如果有人指出，"修己以安人、修己以安百姓(民)"就是这句政治宣言的雏形，能说很牵强吗?

"为人民服务"这句宣言，概括了炎黄尧舜夏禹商汤文武周公以来，中国政治哲学最根本的奥秘。把《论语》《孔子家语》《尚书》《孟子》等古籍认真看看，就明白此非妄言。

延伸知识

食其禄必救其患

子路出身贫寒，吃苦耐劳，直爽豪侠，忠于职守，善于组织民众、治理国家。孔子在鲁国做官时，子路曾任鲁国权臣季孙氏家宰，被后人称为“季氏宰”。孔子周游列国，子路始终跟随左右，保驾护航。孔子客居卫国，子路在权臣孔悝属下任官，担任蒲邑大夫三年，政绩突出，深得孔子嘉许。孔子多次谈到子路擅长政事，认为他可以治理千乘之国的税赋财政（由也，千乘之国，可使治其赋也）。这与汉相萧何有点相像，堪称大才。

孔子结束宦游回鲁国继续办学，子路依然留在卫国当官，继续辅佐孔悝。

前 480 年，卫国故太子蒯聩发动叛乱，劫持权臣孔悝，要求他赶走卫出公，扶持自己登基。当时子路在城外，得悉孔悝被劫持，迅速赶往城内。子羔说：“城门已经关闭，你就别去惹事了。”子路说：“拿了人家的俸禄，就不能撂下人家的祸患不管。这正是需要我共赴患难之时（利其禄，必救其患）。”

赶上有使者开城门出来，他趁机混进城里。蒯聩劫持孔悝来到高台，要他向群臣宣布，罢黜卫出公，立蒯聩为国君。子路对蒯聩喊话：“你劫持孔叔有何用啊，即使你杀了孔叔，还有别人接替他的官职。”蒯聩不理。子路又对孔悝手下人说：“赶紧放火烧太子，蒯聩胆怯，见火就会释放孔叔。”蒯聩闻言，派干将下台来杀子路。双方拼杀时，子路的帽带子被兵器割断。他说：

“君子即使死了，也不能丢掉帽子（君子死，冠不免）。”赶紧去结帽带子。对手趁机把他杀了。

孔子刚听说卫国出现宫廷政变，他马上说，子路肯定牺牲了，可见其知弟子之深。司马迁对他守礼尽职，赴难殉命非常敬仰，在《卫康叔世家》中，详细描述了子路殉职的过程。

孔悝最终屈服。他召集群臣，宣布罢免卫出公，拥立蒯聩登基，为卫庄公。就此而言，子路白白牺牲了。但是，君子的修为已达此境界，他必须按照内心原则行事。忠于职守、担当患难，是其内心律令，不可违背。就像谭嗣同、秋瑾，他们在事败之后，不逃不争，坐等官府逮捕屠戮，也是按照内心律令为之。赴难殒命，乃是其人格的实现与完成。上一课引述《淮南子》对儒士的批评，言孔墨之徒，重外无内，其言何其片面哉。若是作者认真研究过孔子和子路的心路历程，就不会出此妄言。

副课文

上文讲子路故事，主要资料来自以下这段文字。请对照故事大意，阅读这段古文。读通其意，你一定会有成就感吧。

仲由殉职

仲由将入，遇子羔将出，曰：“门已闭矣。”子路曰：“吾姑至矣。”子羔曰：“不及，莫践其难。”子路曰：“食焉不辟其难。”

子羔遂出，子路入。及门，公孙敢阖门，曰:“毋入为也！”子路曰:“是公孙也？求利而逃其难，由不然。利其禄，必救其患。”有使者出，子路乃得入。曰:“太子焉用孔悝（kuī）？虽杀之，必或继之。”且曰:“太子无勇。若燔（fán）台，必舍孔叔。”太子闻之，惧，下石乞、盂黡（yú yǎn）敌子路，以戈击之，割缨。子路曰:“君子死，冠不免。”结缨而死。孔子闻卫乱，曰:“嗟乎！柴也其来乎？由也其死矣。”孔悝竟立太子蒯聩（kuǎi kuì），是为庄公。

——〔西汉〕司马迁《史记·卫康叔世家》

思考与训练

副课文《仲由殉职》的故事，有两个特点，用子路原话，即：

利其禄，必救其患。

君子死，冠不免。

如何理解这两种文化观念？请跟身边亲友讨论一下。

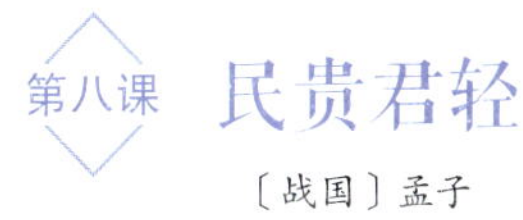

第八课 民贵君轻

〔战国〕孟子

题解

本文所言："民为贵，社稷次之，君为轻。"在中国历史上第一次明确提出老百姓是国家主体的思想。君王和社稷都是从属于老百姓的，如果不能好好为老百姓服务，随时可以更换。本文对古代民本思想的表述，最为透彻。"民贵君轻"早就是耳熟能详的成语。

人物故事

孟子（约前372—约前289）：名轲，字子舆，战国时期邹国（今山东邹城市）人。著名思想家、儒学家，儒家学说主要代表人物之一。他是孔子之孙孔伋（子思）的再传弟子，也曾如孔子那样周游列国，试图推行其仁政治国、贵民强国的政治思想，不被诸侯接受。晚年集中力量进行教育和著述，率学生共同写作《孟子》。他提出了"性善论""良知良能""养心""浩然之气""民贵君轻""大孝"等一系列重要命题，是孔子学说的重要继承者和发展者，被后世称为"亚圣"。宋明以来，影响力不断增长，几与孔子并列。孔门儒学被称为"孔孟之道"。有

《孟子》传世。

主课文

孟子曰："民为贵，社稷[1]次之，君为轻。是故得乎丘民[2]而为天子，得乎天子为诸侯，得乎诸侯为大夫。诸侯危社稷，则变置。

牺牲[3]既成，粢盛[4]既洁，祭祀以时[5]，然而旱干水溢，则变置社稷。

（选自《孟子·卷十四·尽心下》）

注释

[1] 社稷（jì）：代指国家政权。社，土神。稷，中国古代主要粮食作物，即粟（也有人说指黍或高粱），被奉为百谷之长，故为谷神。古代帝王或诸侯建国时，都要立社坛祭祀土神，立稷坛祭祀谷神。故常以社稷又作为国家代称。

[2] 丘民：众民。

[3] 牺牲：供祭祀用的牛、羊、猪等祭品。

[4] 粢盛（zī chéng）：盛在祭器内的粮食祭品。粢，子实去壳后的小米。

[5] 祭祀以时：按照礼所规定的时令和频率，虔诚行祭。

参考译文

孟子说:“民众最为贵重，代表国家的土神谷神其次，君王为轻。所以，得到民心的做天子，得到天子欢心的做侯王，得到侯王欢心的做大夫。侯王危害到土神谷神——国家，就改立侯王。

动物祭品丰盛，粮食祭品洁净，祭祀大典按时举行，但仍然遭受旱灾水灾，那就是要改立土神谷神。

赏析与写作指导

从民惟邦本到民贵君轻

本课主题，被后人总结为“民贵君轻”，在中国思想史上特别有名，孟子也因此受到更多关注和敬仰。

通常认为，侯王是民众领袖，社稷是民众保护神，看样子民众是最不重要的，最弱势的。

可是，在孟子观念中，一国侯王是为民众服务的，一国社稷是为民众消灾赐福的。国家的主体是民众。侯王不好好服务，社稷不好好消灾赐福，随时可以更换，因为他们是从属于民众的。民众则不存在更换问题。

古代大经《尚书》认为,“民惟邦本，本固君宁”(《尚书·五子之歌》)。

孔子认为当官的首要智慧和职责，就是为民服务，即“务民之义”(《论语·雍也》)。

《淮南子》指出，圣人天子，就是要“忧劳百姓”（《淮南子·修务训》）。

《墨子》认为，老百姓出于自己的需求，“选天下之贤可者，立以为天子”（《墨子·尚同上》）。

孟子能够透彻表述“民贵君轻”的政治思想，毫不奇怪，因为他的思想资源太多了，古人有类似想法的太多了。上述几条语录，都是这种思想倾向。孟子只是比其他人说得更透彻一些。

中国古人对于君民关系的认知与建构，远不是西方人用“君主专制制度”所概括的那样。

对于中国古代历史和古代政治制度，近代以来我们可能理解得不够，否定得太多，常常不问青红皂白，就用“君主专制制度”的棍子将其打死。

今天应该重新研究，对于其中光彩照人的政治思想，我们要继承和发展。

延伸知识

孟子的辩才

《孟子·滕文公下》第九章，公都子张口就说：“外人皆称夫子好辩，敢问何也？”可见，孟子的辩才，在神州大地颇有名气。

《孟子》一书，不但在中国思想史、文化史上备受尊崇，在中国文学史上也地位崇高，人们把它看作先秦时代最优秀散文作品之一。从文体言之，《孟子》主要包含人物对话和思想随笔两种，前者为主。人物对话，是展示孟子思想观念、政治主张的重要方式。孟子常常在君王或士大夫面前雄辩滔滔，阐发他的思想，提出他的建议，游说君王以仁待民，以义招士，以德立国，以勤理政。他的辩才给每一个读者留下深刻印象，也为《孟子》一书赢得了历史影响力。

先秦时期士君子，特别注重口才即辩才。张仪、苏秦以杰出口才赢得高官厚禄，备受当世瞩目，至今传为美谈。作家也喜欢把士君子的雄辩言辞，写在自己的著作中。《左传》《国语》《晏子春秋》《尚书》等，都有很多此类记载。汉代的《史记》《说苑》《新序》《韩诗外传》等，辞令内容占了半壁江山。本书有大量课文，即是以辞令见长的佳作，诸如《叔孙豹论三不朽》《樊姬议相》《李克荐相》《甘罗巧智》《留侯力阻复六国》等。

《孟子》的雄辩辞令，主要集中表现在孟子一人身上，所以特别突出。《晏子春秋》也是将无数精彩辞令集中于晏子一人，似可与《孟子》媲美。但《晏子春秋》的虚构成分甚多，堪称中国最早的小说集，史信不足。《孟子》则是孟子和他学生共同整理的，主要内容是政治辩论，真实可靠。

下面举个例子，以便习者窥斑见豹。齐宣王曾经趁着燕国内乱，攻占了燕国。孟子建议齐宣王广施仁义，安抚民心，以图长治久安。齐宣王没有在意。不久后，诸侯帮助燕国赶走齐军，齐国遭遇惨败，甚至后悔当初的讨伐。

这时有人来问孟子，当初是不是他也赞成伐燕，似乎暗怀责备之意。孟子的回答，既要承认事先知道伐燕（朝廷大臣沈同确实以个人名义跟他通过气），又要顶回问者的责备，还得声明他一贯执守的仁义价值观。这番对话，极为精彩。

沈同说："我不是代表朝廷，只以个人名义讨教。你觉得燕国可以讨伐吗？"

孟子说："可以。燕君子哙不得把燕国让给别人，燕相子之也不得从子哙那里接受燕国。比方说，这里有个贤人，你因为喜欢他，私自把自己的俸禄、爵位让给他，那个贤人也不客气，私自从你那里接受了俸禄和爵位，连君王的意见都不问问，这样行吗？子哙想让出君位，同这事有什么不同？"

齐国于是攻占了燕国。

事后有人问孟子："你鼓励齐国攻占燕国，是真的吗？"

孟子说："没有啊。沈同只是问我：'燕国可以征伐吗？'我答复他说：'可以。'他们果然去攻占燕国。他如果问：'谁能去征伐燕国？'那我将答复他：'奉上天使命者才可以伐燕。'比如这里有个杀人犯，有人问我：'这个犯人该杀吗？'我回答说：'该杀。'如果他再问：'谁可以杀这个犯人？'那我就会回答他：'做法官的才可以杀他。'现在，让一个跟燕国一样无道的国家去攻伐燕国，我怎么会赞成并鼓励呢？"

以上故事，是根据下列原文撰写的。请习者认真阅读原文两遍，仔细体会一下孟子雄辩的逻辑和缜密的思维。

沈同以其私问曰："燕可伐与？"

孟子曰："可。子哙不得与人燕，子之不得受燕于子哙。有仕于此，而子悦之，不告于王而私与之吾子之禄爵；夫士也，亦无王命而私受之于子，则可乎？何以异于是？"

齐人伐燕。或问曰："劝齐伐燕，有诸？"

曰："未也。沈同问：'燕可伐与'？吾应之曰'可。'彼然而伐之也。彼如曰：'孰可以伐之？'则将应之曰：'为天吏，则可以伐之。'今有杀人者，或问之曰：'人可杀与？'则将应之曰：'可。'彼如曰：'孰可以杀之？'则将应之曰：'为士师，则可以杀之。

今以燕伐燕，何为劝之哉？"

——《孟子·公孙丑下》

副课文

谋及庶人为大同

夫先王之治天下，与民共之，《洪范》之大疑大事，谋及庶人为大同。《孟子》称进贤、杀人，待于国人之皆可。

盘庚则命众至庭，文王则与国人交。《尚书》之四目四聪，皆由辟（开）门。《周礼》之询谋询迁，皆合大众。尝推先王之意，非徒集思广益，通达民情，实以通忧共患，结合民志。

昔汉有征辟（bì，征召）有道之制，宋有给事封驳（给事中驳回皇帝诏命）之条。伏乞特诏颁行海内，令士民公举博古今、通中外、明政体、方正直言之士，略分府县，约十万户而举一人。不论已仕未仕，皆得充选，因用汉制，名曰议郎。皇上开武英殿，广悬图书，俾（bǐ，使）轮班入直，以备顾问。并准其随时请对，上驳诏书，下达民词。

凡内外兴革大政，筹饷事宜，皆令会议于太和门，三占从二，下施部行。所有人员，岁一更换。若民心推服，留者领班，著为定制，宣示天下。上广皇上之圣聪，可坐一室而知四海；下合天下之心志，可同忧乐而忘公私。

皇上举此经义，行此旷典，天下奔走鼓舞，能者竭力，富者纾财，共赞富强，君民同体，情谊交孚，中国一家，休戚与共。以之筹饷，何饷不筹？以之练兵，何兵不练？合四万万人之心以为心，天下莫强焉！然后用府兵之法，而民皆知兵，讲铁舰之精，而海可以战。于以恢复琉球，扫荡日本，大雪国耻，耀我威稜（wēi léng，威势）。

——〔清〕康有为《康有为政论集·公车上书》

思考与训练

1. 民贵君轻学说，是描述当时的政治现实，还是表达政治理想？如果当时政治现实有时如此，有时非此，此说价值何在？

2. 副课文中，“上广皇上”几字，初看不好理解，将相关两句排列为对偶句，马上就明白了：

> 上广皇上之圣聪，可坐一室而知四海；
>
> 下合天下之心志，可同忧乐而忘公私。

第九课 大道之行也

《礼记》

题解

本课所表，是中国五千年文明所凝聚的最高理想，即大同理想。孔子以夏商周三代盛世为依托，描述了人类社会组织生产、和平互助、尊老爱幼、丰衣足食的理想形态。这个描述，成为后世圣贤孜孜以求的终极理想。

人物故事

言偃（前506—前443）：字子游，又称叔氏。春秋时吴地常熟（今江苏省常熟市）人。孔门七十二贤弟子中唯一南方弟子，孔门十哲之一，擅文学。担任鲁国武城宰时，以礼乐教育士民，到处有弦歌之声，为孔子所称赞。孔子曾云："吾门有偃，吾道其南。"意即我的学说可以通过言偃传播到南方。故言偃被誉为"南方夫子"。清康熙时设置五经博士一员，由言偃后裔世袭。今常熟市虞山镇言子巷有言子故宅，虞山东岭有言子墓，学前街有言子专祠，州塘畔有言子故里亭。

主课文

昔者仲尼与[1]于蜡宾[2]，事毕，出游于观[3]之上，喟然[4]而叹。仲尼之叹，盖叹鲁也。

言偃在侧曰："君子何叹？"孔子曰："大道[5]之行也，与[6]三代之英[7]，丘未之逮[8]也，而有志[9]焉。大道之行也，天下为公。选贤与能[10]，讲信修睦[11]。故人不独亲其亲[12]，不独子其子[13]，使老有所终，壮有所用，幼有所长。矜[14]、寡[15]、孤[16]、独[17]、废疾者，皆有所养。男有分[18]，女有归[19]。货，恶[20]其弃于地也，不必藏于己；力，恶其不出于身也，不必为己。是故谋[21]闭而不兴，盗窃乱贼而不作，故外户[22]而不闭，是谓大同。"

（选自《礼记·礼运》）

注释

[1] 与：参与、参加。

[2] 蜡（zhà）宾：参与年终祭礼的陪祭者、助祭者。蜡，年终举行的大祭礼。宾，陪祭者、助祭者。

[3] 观（guàn）：宗庙或宫廷大门外两旁的高建筑物。

[4] 喟（kuì）然：因感慨极深而长长叹气的样子。

[5] 大道：指政治上的最高理想，治理社会的最高准则。

[6] 与：连词，和。

[7] 三代之英：指是夏商周三代的英明君王。

［8］逮（dǎi）：赶得上。

［9］有志：此词有二解。一曰志者记也，孔子读过关于夏商周三代的历史记载。二曰志者志向也，理想也，孔子怀有恢复三代大同盛世的强烈志向。本书取前解。

［10］与（jǔ）能：举荐贤能。与同“举”，推举、选举。

［11］讲信修睦：讲求信用，与社会各界和睦相处。

［12］亲其亲：以自己的亲人为亲人。前“亲”为名词的意动用法，以……为亲，后“亲”为名词。

［13］子其子：以自己的子女为子女。前“子”为名词的意动用法，以……为亲，后“子”为名词。

［14］矜：通“鳏（guān）”，老而无妻曰鳏。

［15］寡：妇人丧夫曰寡。

［16］孤：幼年丧父的孩子。

［17］独：老而无子的人。

［18］分（fèn）：职分，指职业，职守。

［19］归：女子出嫁。

［20］恶（wù）：憎恶；厌恶。

［21］谋：阴谋计策之意。

［22］外户：泛指大门。

参考译文

那时仲尼作为助祭者参与了蜡祭，祭礼之后，他来到宫门前望楼上游玩，喟然而叹。仲尼之叹，大概是忧鲁国而发吧。

当时子游在旁，问道："老师为何叹气？" 孔子说："大道通天时代，夏、商、周圣王主政时代，我都没赶上，但读过相关记载。大道通天时，天下是大家共有的。选贤举能，讲究诚实，谋求和睦。人们不只是奉养自己的父母，抚育自己的孩子，而是使老年人能安享天年，壮年人能为社会效力，孩子能健康成长。使无妻者、无夫者、幼而丧父者、老而无子者，都能得到供养。男人要有职业，女人能及时婚配。人们憎恶财货弃地，要去收储它，却不是为了独自享用；憎恶在共同劳动中不肯尽力，鼓励不为私利而劳动。于是，各种邪恶图谋都杜绝了，盗窃财物兴兵作乱也都消失，家家户户都不用关大门，这就叫大同世界。"

赏析与写作指导

大同理想的静态描述

大同社会，一直是历代中国知识分子所追求的梦想。像夏商周这样的政权建立以后，私有制度日益发展，执政者高高在上，逐步偏离了国家诞生之前的原始共产主义状态。但是，原始时代的平等精神、公平观念，毕竟保留得比后世为多，在政治运行中也体现得比后世充分，所以常被后世怀想。

春秋末期，天下秩序出现裂痕，礼乐制度失去约束力，列侯之间，相互烧杀抢掠日益严重。士绅阶级的边缘群体——读书人，不能容忍社会长期偏离原始共产主义的平等和公平，所以他们追忆夏商周三代，追忆更远的原始社会，借此描述出一个大同社会，用这个理念来指导中国社会的运行，同时也用这个理念来影响执政者的行为选择，要求他们的掠夺不要太过分，要与天下万民共进退。

这个大同理想可以找到若干种表述，既有描述其结构的静态表述，也有描述其维护方法的动态表述。最著名的就是《礼记·礼运》所记孔子的表述。中国文化最核心的两个价值概念，一个“天下为公”，一个“大同”，都借孔子的大嗓门说了出来。一个什么样的社会才符合大道呢？只有天下为公才符合大道，而天下为公就是大同理想，就是大同世界。

究竟怎样才叫天下为公的大同世界呢？孔子从多个方面，对大同世界进行了静态描述。

首先，治国者的身份不是固定的，所以选贤与能。

其次，人际关系是和谐的，所以讲信修睦。

再次，不能漠视任何一个人的人文价值，所以必须建立社会保障体系，那就是不独亲其亲，不独子其子，而是使老有所终，壮有所用，幼有所长，矜寡孤独废疾者，皆有所养。原始社会曾经最好地解决了社会保障问题，而中国古人在夏商周建立以后，一直试图借鉴原始社会的社会保障经验，重新实现足够的社会保障，让每一个人都有很好的生存空间。

最后，得给每个人提供平等的、适当的生存空间和发展空间，“所以男有分，女有归。货，恶其弃于地也，不必藏于己；

力，恶其不出于身也，不必为己”。最后的效果是，“谋闭而不兴，盗窃乱贼而不作，故外户而不闭”，这是对于大同社会的静态描述。

孔子这段话，极其精彩，极其重要，是我们华夏先民追求了几千年的中国梦。

这段旷世箴言，《论语》中没有，被人写在《礼记·礼运》中。据说《礼运》是言偃所记，他是孔子得意门生，双方有充分交流，所记必有所据。言辞当然靠执笔者言偃组织加工，究其意旨，它就应该是孔子说的，因为这完全符合孔子的一贯思想和理想。

延伸知识

《礼记》与《礼运》

《礼记》是战国至秦汉年间儒家学者解说经书《仪礼》的著作，是一部儒家学派的思想资料汇编。《礼记》的作者不止一人，写作时间也有早有晚。其中多数篇章可能是孔门七十二贤及其弟子们的作品，除了个别篇章，已经无法猜测哪篇为何人所作。汉代学者把孔子编订的典籍称为“经”，其他人对“经”进行解说的著述称为“传”或“记”，《礼记》即解经之作，故名记。

西汉礼学家戴德和他侄子戴圣，对历史上流传下来的解经文章，分别进行甄选，编集为《礼记》。《大戴礼记》85 篇，《小戴礼记》49 篇。前者失传，后者是我们今天看到的《礼记》。东汉后期，《礼记》与《周礼》《仪礼》合称“三礼”，虽仍然名为“记”，却上升为“经”。唐代被列入“九经”，宋代被列入“十三经”，成为士人必读书、科举必考书。

《礼运》，是《礼记》名篇。它反映了儒家的政治理想和历史观念，尤其是借孔子之口表达的“天下为公”信念和“大同”理想，乃儒家学说的核心思想，也是中国价值观的基因。它对后世政治家、改革家都产生了深刻的鼓励作用，对中国政治思想史则具有决定性、规范性的影响。

关于《礼运》的作者，近人康有为认为，是言偃，即子游。他认为孔门弟子，颜回第一，言偃第二。郭沫若也同意康有为的说法，并且强调说，“毫无疑问”是子游所作。他们认为孔子—子游—子思—孟子，乃是一脉相承。《礼运》的行文方式，通篇都是由孔子跟子游对话。据此看来，康有为和郭沫若的推测，不是没有道理。

宋代理学家，从《礼记》中选出《大学》《中庸》两篇，与《论语》《孟子》并为“四书”，作为儒学的入门读物。《大学》据说为曾子所著，《中庸》据说为子思所著。

副课文

割地起于弃民

夫中国大病，首在壅塞，气郁生疾，咽塞致死。欲进补剂，宜除噎疾，使血通脉畅，体气自强。今天下事皆文具而无实，吏皆奸诈而营私。上有德意而不宣，下有呼号而莫达。同此兴作，并为至法，外夷行之而致效，中国行之而益弊者，皆上下隔塞，民情不通所致也。

夫以一省千里之地，而惟督抚一二人仅通章奏，以百僚士庶之众，而惟枢轴三五人日见天颜。然且堂廉迥隔（jiǒng gé，隔绝），大臣畏谨而不敢尽言；州县专城，小民冤抑而末（莫）由呼吁。故君与臣隔绝，官与民隔绝，大臣小臣又相隔绝，如浮屠百级，级级难通，广厦千间，重重并隔。

夫天下万物之繁，封圻（qí）千里之广，使督抚枢轴皆是大贤，然是数人者，心思耳目所及，必有未周，才力精神之运，必有不逮，以之运筹四海，措置百务，已狭隘不广矣。况知人之哲，自古为难，唐帝（尧）失之于共兜（共工驩兜），诸葛失之于马谡（sù）。任用偶误，一切乖方，而欲倚之以扶危定倾，经营八表，岂不难乎？

天下人民四万万，庶士亿万，情伪百端，才智甚广。皇上仅寄耳目于数人，而数人者又畏懦保禄，不敢竭尽，甚且炀灶（yáng zào，佞幸专权）蔽贤，壅塞圣聪。皇上虽欲通中外之故，达小民之厄，其道无由。名虽尊矣，实则独立于上，遂致有割地弃民之举。皇上亦何乐此独尊为哉？

——〔清〕康有为《康有为政论集·公车上书》

思考与训练

1. 谈谈你对“天下为公”的理解。

____

____

____

2. 下面句子选自副课文《割地起于弃民》，请在括号中填写该句主语。

皇上虽欲通中外之故，达小民之厄，其道无由。（　）名虽尊矣，（　）实则独立于上，遂致有割地弃民之举。

第十课 叔孙豹论三不朽

〔春秋〕左丘明

本课讨论人生怎样才能不朽，范宣子和叔孙豹提出了不同的观点。叔孙豹总结的“立德、立功、立言”三不朽，成为千古名言，对中国人文文化产生了深刻影响。

人物故事

左丘明（前502—前422）：本名丘明，其先祖曾任楚国左史官，故称左丘明。鲁国太史，春秋末期著名史学家、思想家，著有《春秋左氏传》《国语》。据传左丘明曾与孔子一起赴周，研究过周王史书，故熟悉诸国史事，能理解孔子思想。《左传》记录了春秋时期各国大量史料，居功至伟。本附骥于《春秋》而流传，后逐渐晋升为经书，跟《论语》《孟子》《礼记》一样跻身于十三经之列。司马迁以“左丘失明，厥有《国语》”鼓励自己忍辱负重著《史记》。

叔孙豹（？—前537）：姬姓，叔孙氏，名豹，谥穆，故史称叔孙穆子、叔孙穆叔。春秋时鲁国大夫，当时“国际舞台”

上德高望重的人物。他在外交场合最早提出“立德、立功、立言”三不朽学说，并因此说而不朽。

范宣子（？—前548）：祁姓，士氏，按封地又为范氏，名匄，谥宣。史称范宣子。在《左传》中出现频率特别高，常被称为士匄。春秋时代晋国政治家、军事家，法家先驱。对晋国崛起做出过杰出贡献。

臧文仲（？—前617）：姬姓，臧氏，名辰，谥文，谓臧孙辰。臧哀伯次子，故死后又称臧文仲。春秋鲁大夫，历事鲁庄公、闵公、僖公、文公四君。博学多才而不拘常礼，孔子对其施政有所批评，《论语》《左传》均有记载。

主课文

二十四年春，穆叔[1]如[2]晋。范宣子[3]逆[4]之，问焉，曰：“古人有言曰，‘死而不朽’，何谓也？”穆叔未对。

宣子曰：“昔匄[5]之祖，自虞以上，为陶唐氏，在夏为御龙氏，在商为豕韦氏，在周为唐杜氏，晋主夏盟[6]为范氏，其是之谓乎？”

穆叔曰：“以豹所闻，此之谓世禄，非不朽也。鲁有先大夫曰臧文仲，既没[7]，其言立。其是之谓乎！豹闻之，太上有立德，其次有立功，其次有立言，虽久不废，此之谓不朽。若夫保姓受氏，以守宗祊[8]，世不绝祀，无国无之。禄之大者，不可谓不朽。”

（选自《左传·襄公二十四年》

注释

［1］穆叔：即叔孙豹。

［2］如：往；到……去。

［3］范宣子：即士匄，祁姓，士氏，按封地又为范氏，名匄，谥宣，死后又称范宣子。春秋晋国人。

［4］逆：迎，迎接。

［5］匄（gài）：用于人名，范宣子名匄。

［6］夏盟：古代华夏诸侯国间所缔结的联盟。

［7］没（mò）：通“殁”，死。

［8］宗祊（bēng）：家庙；宗庙。祊，古代宗庙门内设祭的地方；古代在宗庙门内举行的祭祀。

参考译文

鲁襄公二十四年（前549）春天，叔孙豹出使晋国。范宣子出来迎接叔孙豹，范宣子问：“古人有‘死而不朽’之言，什么意思呢？”叔孙豹没有回答。

范宣子又说：“我的祖先，虞为陶唐氏，夏为御龙氏，商为豕韦氏，周为唐杜氏，晋做诸夏盟主时为范氏，这不就是‘不朽’吗？”

叔孙豹回答说：“据我所知，这是‘世代沿袭爵禄’，并非‘不朽’。鲁国有一位臧文仲大夫，他死后，其言流传下来，这才叫‘不朽’吧。我还知道，最高的是立德，其次是立功，再次是立言，这三者虽历久而不衰，这才叫‘不朽’。至于封地受氏、宗庙绵延、家族繁盛，各国都有。官高权重，不能算不朽。”

赏析与写作指导

汾水边的外交机锋

黄河波宽，汾水浪急。2500多年之前，在黄河汾水交汇的晋国都城，发生了一起貌似平淡的人文讨论，实际上带有一点外交争锋。

晋国是横行天下的强国，范宣子之范家，是晋国六个大家族之一。国家权力被韩、赵、魏、智、范、中行氏六家瓜分。当范宣子以晋国执政身份来郊外迎接弱国鲁国使者时，那份自豪无法抑制，迫不及待地要显摆一下祖宗的伟大和今天的光荣。他想从死而不朽的话题入手，然后过渡到晒晒祖德。他率先问叔孙豹，古人说的死而不朽，你是怎么看的?

外交官都是人精，你打个喷嚏他就知道得的是哪种感冒。叔孙豹不想助长对手的骄傲，所以默不作声，不接话题。

人家范宣子按捺不住啊，此时哪怕是自言自语，他也得嘚瑟一番。于是他说:“我士匄的祖宗，在虞舜之前就被封为陶唐氏，到夏代封为御龙氏，商代封为豕韦氏，周代封为唐杜氏。到晋国称霸天下、成为华夏盟主时，咱家族被封为范氏。如今咱范氏官至执政，掌握着晋国权柄。血脉流贯，万世绵延，这不就是死而不朽的意思吗？”

叔孙豹虽然生在弱国，也是一代大才啊。论个人禀赋，哪在范宣子之下呢？人家博学精思，比你范宣子还深刻几分呢。他必须挫挫范宣子的威风，还得言之成理。那就把他阅尽人间、参透大化才悟出的一个真理，用来回敬范宣子吧。叔孙豹态度诚恳地说：

“鄙意以为，你所说的，不过是世代沿袭爵禄，并非古人所言不朽。咱们鲁国（可不是晋国哦）有个贤大夫，叫臧文仲。他死后，他的思想被后人传播，无法遗废。古人所谓不朽，所指应该是这种情况吧。鄙人听说，最高是立德，其次是立功，再次是立言，这三者虽历久而不衰，这才叫‘不朽’啊。”

这话特有高度，道理深刻，逻辑严密，非一般人说得出。叔孙豹还有半句话：别以为你身为执政，大权独揽，就能够永垂不朽哈，早点把你的嘚瑟收回去，平等地跟我讨论国事吧。鉴于外交场合，锋芒半露即可，他把那半句话吞回去了。但是该说的还得说透，好让他没有反击余地。所以他接着说：“至于封地受氏、宗庙绵延、家族繁盛，并非晋国独有，咱鲁国也有，诸侯各国全都有，这哪能算什么不朽啊。官高权重，也不能算不朽。”

《左传》没有记载范宣子如何回应。花开花谢多少回，我们至今也没法为范宣子想出一个合适的答复。除了打圆场，掩饰内心的尴尬，还能说什么呢？范宣子乃纵横捭阖几十年的风云人物，一席话就能知道棋逢对手，这是个不会让人占便宜的主儿。接下来的外交谈判，叔孙豹为国争利一定能够成功。干外交得靠叔孙豹这样思想深刻、思维敏捷、言论缜密的大政治家、大学者啊，把一国外交，交给一帮只会操着对手语言讨好赔笑的庸人，那是国之大患啊。

过了一些年，范氏、中行氏被智氏所灭；再过一些年，智氏为赵、韩、魏所灭；又过一些年，赵、韩、魏联手把晋灭了，以灭晋为标志，中国进入战国时代；又过一些年，秦把赵、韩、魏全给灭了，中国进入中央集权时代；又过一些年，汉把秦给灭了，中华大帝国进入鼎盛时代。范宣子企图靠特定家族的绵延而不朽，果然靠不住。叔孙豹真是睿智过人啊。

叔孙豹，身为大臣，不拿国家利益做交易，为国尽忠，其德可立；理政有才，攻占能胜，外交场合能维护国家尊严，其功可立；首次提出三不朽学说，且此后被世世代代奉为圭臬，树为目标，成为汉语中千年不冷的流行语，其言可立。叔孙豹因阐发三不朽而不朽，范宣子则有德有功而无言。

延伸知识

三不朽的文化密码

上文是讲故事，下面进行文化分析。

范宣子理解的不朽，不是社神稷神，不是天神地神，不是玉帝，不是蓬莱神仙，不是东海龙王，不是月中吴刚嫦娥，不是犹太人上帝天竺人佛陀，也不是姑射山神人昆仑山西王母，而是源于祖先的人口繁殖、瓜瓞绵绵，而是，人。

关于不朽，不需依赖神灵，不需依赖仙境，不需依赖灵魂出窍，不需依赖大跪大拜祈祷许愿，只需靠人自身。

叔孙豹的理解也完全一样，他列举的不朽因缘，立德、立功、立言，都是人自己的作为。

归结起来，范宣子和叔孙豹理解的精神信仰，有两方面内容，一方面，是民族家族的世代绵延、福德永盛，这个被今人命名为“祖先崇拜”；另一方面，是在人类社会平台上积德积福，建功立业，光泽万代，千古流芳，这个被今人命名为“历史崇拜”。祖先崇拜也具有历史性，可以归结到历史崇拜的含义中。而千古流芳需要经过时间的严苛检验，只有道高德大、功泽百世者，才有机会被历史认可。道高德大、功泽百世者名何？名“圣贤”，所以中国文化又是“圣贤崇拜”文化。

在 2500 多年前的华夏大地上，范宣子和叔孙豹，都是文化视野最开阔、知识储备最丰富、历史观察最透彻、思想觉悟最高远的贤者，他们是贵族中的贵族、精英中的精英、他们对问题的理解，代表了那个时代天下的水平、华夏民族的水平。透过他们这场具有代表性的对话，我们可以总结出中国人一个基本特征：这个民族不信邪，只相信人自身，这种文化不信鬼，只相信人自身。人所需要的一切家用实物和精神虚物，都必须靠人来实现，都只能靠人来实现，都可以靠人来实现。子不语怪力乱神，原因即此，这包含着对人自身的万分信赖和百般自豪。

别看先民搞那么多天坛地坛日月坛，成天香烟缭绕地祭祀汾河淮河泾渭河，泰山嵩山昆仑山，甚至直到清末时期，每遇旱灾水灾，大小官员还煞有介事地设坛祭祀。可是，这些祭祀者始终明白，那一切神灵妖魅，都是“用”。咱们“人”，打上了各种华夏印记的“人”，才是“体”，才是靠三不朽而不朽的主儿。

中国香客有砸佛砸神砸偶像的传统，为什么？就因为我们把一切神灵妖魅都看作“用”，宰牛燔羊焚香沉玉伺候你是回报你的“用”。既然你这个“用”不能为我所“用”，还留你何“用”？不如砸烂，另谋他用。《孟子·尽心下》说，如果虔诚祭祀而“旱干水溢”没有改善，“则变置社稷”。啥叫“变置社稷”？那就是砸烂社稷神主，另建新社稷。

范宣子和叔孙豹这场谈话，深藏着中国文化的密码，不但昭示了中国文化的精神特质，还为外道邪说腐蚀中国心灵设置了屏障。我们把全部关注都投向了人世间，其他那些神神鬼鬼的文化，要把人世间之外的邪灵植入国人大脑，那是难上加难。

从叔孙豹时代，直到后来2500多年，华夏经历了无数创痛，遭遇过各种灭顶之灾，也曾多次斯文扫地、精神崩溃，无数外道邪说趁机摧折扫荡，企图占领中国人灵魂。有时候眼看就要成功了，中国神州马上就要变成邪教乐园。然而，所有的外来文化都没有真正成功，往往在临近成功的最后一刻，有大圣大德拔地而起，棒喝群伦，于是马上一呼百应，兆民幡然醒悟，大呼大叫着挣脱祸祟，重温三不朽圣言，回归家国祖先本源。

近代以来，国人阅遍环球万族，认定中国文化独异于万族的各种特征，可用“人文文化”总摄其意。此一命名十分准确，当成为华夏大族的文化自觉。所谓人文文化，就是可以在家族、民族、国家、社会组成的历史人文空间，实现人们从物质到精神、从肉体到灵魂、从历史到未来、从现实到永恒全部需求的文化。请尚带迷惑的国人想想，是否如此？

副课文

恃强者败

里有丁一士者，矫捷多力，兼习技击、超距之术。两三丈之高，可翩然上；两三丈之阔，可翩然越也。余幼时犹及见之，尝求睹其技。使余立一过厅中，余面向前门，则立前门外面相对；余转面后门，则立后门外面相对。如是者七八度。盖一跃即飞过屋脊耳。

后过杜林镇，遇一友，邀饮桥畔酒肆中。酒酣，共立河岸。友曰：“能越此乎？”一士应声耸身过。友招使还，应声又至。足甫及岸，不虞岸已将圮（pǐ），近水陡立处开裂有纹。一士未见，误踏其上。岸崩二尺许，遂随之坠河，顺流而去。素不习水，但从波心踊起数尺，能直上而不能旁近岸，仍坠水中。如是数四，力尽，竟溺焉。

盖天下之患，莫大于有所恃。恃财者终以财败，恃势者终以势败，恃智者终以智败，恃力者终以力败。有所恃，则敢于蹈险故也。田侯松岩于滦阳买一劳山杖，自题诗曰：月夕花晨伴我行，路当坦处亦防倾，敢因恃尔心无虑，便向崎岖步不平。斯真阅历之言，可贵而佩者矣。

——〔清〕纪晓岚《阅微草堂笔记·滦阳续录》

思考与训练

孟子辩才杰出，叔孙豹也一样。他们都是一代贤人，值得我们学习。你经常辩论吗？有辩论对手吗？请组织两个辩论队，就下列问题展开一场辩论。

正方：三不朽就是中国人的信仰。

反方：三不朽不是中国人的信仰。

史部

第十一课 管鲍之交

〔西汉〕司马迁

题解

朋友之义，强调的是相互承担责任。本文所叙，侧重于鲍叔牙对管仲承担责任，较少涉及管仲对鲍叔牙承担责任。为何如此？一者可能受材料限制，二者每篇文章必须有所侧重，不可面面俱到。

人物故事

司马迁（约前 145—约前 90）：字子长，西汉史学家、文学家、思想家。汉武帝时期先后任郎中、太史令、中书令。在朝堂为李陵兵败投降匈奴仗义辩解，被汉武帝判死刑。司马迁为了继承父亲司马谈遗志，决意完成巨著《史记》，乃要求以宫刑取代死刑，忍辱负重活了下来。他把一生的抱负、屈辱、探索，跟中华民族 3000 年的奋斗、厮杀、建树融为一体，写出中国第一部纪传体通史著作《史记》。司马迁是汉前期百科全书式的大学者，《史记》是华夏几千年文明成就的结晶，它在史学史、文学史、思想史上，都具有举足轻重的地位。

管仲（约前 723—前 645）：姬姓，管氏，名夷吾，字仲，谥敬，颍上人。春秋时期法家代表人物，齐国贤相，辅佐齐桓公称霸天下。被誉为“法家先驱”“圣人之师”“华夏第一相”“华夏文明的保护者”。

鲍叔牙（前723或前716—前644）：姒姓，鲍氏，名叔牙。颍上人。春秋时期齐国大夫。早年跟随公子小白（齐桓公），协助他夺得国君之位，并推荐管仲为相。管仲于前645年辞世之后，鲍叔牙称相，但不久后即病逝。

主课文

管仲夷吾者，颍上[1]人也。少时常与鲍叔牙游，鲍叔知其贤。管仲贫困，常欺鲍叔[2]，鲍叔终善遇之，不以为言。已而鲍叔事齐公子小白，管仲事公子纠[3]。及小白立为桓公[4]，公子纠死，管仲囚焉。鲍叔遂进[5]管仲。管仲既用，任政于齐，齐桓公以霸[6]，九合[7]诸侯，一匡[8]天下，管仲之谋也。

管仲曰：“吾始困时，尝[9]与鲍叔贾[10]，分财利多自与，鲍叔不以我为贪，知我贫也。吾尝为鲍叔谋事而更穷困，鲍叔不以我为愚，知时有利不利也。吾尝三[11]仕三见逐于君，鲍叔不以我为不肖，知我不遭时也。吾尝三战三走[12]，鲍叔不以我怯，知我有老母也。公子纠败，召忽死之[13]，吾幽囚受辱，鲍叔不以我为无耻，知我不羞[14]小节而耻[15]功名不显于天下也。生我者父母，知我者鲍子也。”

鲍叔既进管仲，以身下之。子孙世禄[16]于齐，有封邑者十余世，常为名大夫。天下不多[17]管仲之贤而多鲍叔能知人也。

（选自《史记·周本纪》）

注释

［1］颍上：颍水边上。颍水发源于今河南登封市，在今安徽寿县入淮河。汉有颍阳、临颍二县，今有颍上县，在安徽阜阳、寿县之间。

［2］欺鲍叔：经济上占鲍叔便宜，指下文“分财利多自与”。

［3］管仲事公子纠：齐襄公立，政令无常，数欺大臣，又淫于妇人，国政混乱。为避难，管仲、召忽奉襄公弟公子纠出奔鲁国，鲍叔奉襄公弟小白出奔莒国。见《史记·齐太公世家》《左传·庄公八年》。

［4］小白立为桓公：前686年襄公被杀。前685年，鲁国派兵保护公子纠赶回齐国争夺王位。管仲领兵扼守莒、齐要道，以屠灭入齐争位的小白。双方遭遇，管仲射中小白带钩。小白佯死，麻痹管仲，率先入齐，立为桓公，并立即以军拒公子纠，大败鲁军。鲁国按照齐桓公要求，杀死公子纠。召忽自杀殉身，管仲为自杀，鲁国囚之。

［5］进：举荐。

［6］霸：称霸。

［7］合：会盟。

[8] 匡：匡正。

[9] 尝：曾经。

[10] 贾：做买卖。

[11] 三：泛指多次。

[12] 走：逃跑。

[13] 死之：为公子纠殉命而死。

[14] 羞：以……为羞。

[15] 耻：以……为耻。

[16] 世禄：世代沿袭享受俸禄。

[17] 多：推重，赞美。

参考译文

管仲，名夷吾，颍上人。他年轻时与鲍叔牙友善。鲍叔牙洞悉他的贤明与才华，又尊重又爱护。管仲家贫，经常占鲍叔牙的便宜，但鲍叔牙始终善待之，毫无怨言。不久，鲍叔牙跟随公子小白，管仲跟随公子纠。小白争位获胜，立为齐桓公，逼迫鲁国杀了公子纠，管仲被鲁国囚禁。鲍叔牙向齐桓公隆重推荐管仲，管仲被任命为齐国执政。齐国凭着管仲的治理而称霸天下，齐桓公多次组织诸侯会盟，共同匡扶周室的一统天下。这都得力于管仲治国有方。

管仲说：“当初我很穷困，跟鲍叔牙一起做生意，分利时自己总是多得一些，鲍叔牙并不怪我贪财，而是体贴我家贫。我曾跟鲍叔牙一起谋事，常常陷入困境。鲍叔牙不怪我愚笨，而是归咎于时运不济。我多次入仕却每次被国君抛弃，鲍叔牙不怪我无能，他知我时机未到。我多次上战场却多次逃跑，鲍叔牙不怪我胆小，他知我老母在堂需要赡养。公子纠失败，召忽为之殉身，我未敢自杀而遭受囚禁，他不怪我无义，知我不在乎小节，而在寻找机会建立大功名扬天下。生我者父母，知我者鲍叔牙啊。”

鲍叔牙推荐管仲担任万人之上的执政大臣，自己情愿放下身段，听命于管仲。鲍家世世代代效忠齐国，封地与官禄沿袭十余代，一直是齐国重臣。天下称赞鲍叔牙知人尊贤，超过对管仲才干的称赞。

赏析与写作指导

管贤鲍义

成语管鲍之交，即源自管仲鲍叔牙重义故事。

《管仲传》主题为重义，副题为尊贤。仁义礼智信，义在中国文化中具有显赫地位。小说《三国演义》以刘蜀为华夏道统承载者，而蜀国的起点就是桃园三结义。所谓“义”，就是在特定的伦理体系中，无条件地互相承担责任、做出贡献和牺牲。有了这种精神，就能凝聚成命运共同体。刘关张桃园三结义就是凝聚成命运共同体。

鲍叔牙帮助公子小白打败了公子纠，辅佐小白登基成为齐桓公。桓公任命鲍叔牙担任首辅即执政，鲍叔牙回答说：“你如果只想治理齐国，我担任执政即可；你如果想称霸天下，非得请管仲出山不可。”可见，鲍叔牙忠义两全。因为举荐管仲，既是为了给管仲行义，也是为了引进贤者给齐国尽忠。

管仲之前，姜子牙、伊尹、傅说等都是一代名相，但因年代久远，事迹难于确考。管仲则是第一个政绩可确考的名相，故有“华夏第一相”美誉。“管仲既用，任政于齐，齐桓公以霸，九合诸侯，一匡天下，管仲之谋也。”他的美誉是干出来的，当之无愧。

鲍叔牙支持的两个人（桓公与管仲），都千古不朽，他自己附骥而芳。

为了凸显管鲍之交的真实性，司马迁用管仲的内心独白来增强可信度。“吾始困时，尝与鲍叔贾，分财利多自与，鲍叔不以我为贪，知我贫也。吾尝为鲍叔谋事而更穷困，鲍叔不以我为愚，知时有利不利也。吾尝三仕三见逐于君，鲍叔不以我为不肖，知我不遭时也。吾尝三战三走，鲍叔不以我怯，知我有老母也。公子纠败，召忽死之，吾幽囚受辱，鲍叔不以我为无耻，知我不羞小节而耻功名不显于天下也。生我者父母，知我者鲍子也。”

“鲍叔不以我为贪，知我贫也。”

“鲍叔不以我为不肖，知我不遭时也。”

“鲍叔不以我怯，知我有老母也。”

“鲍叔不以我为无耻，知我不羞小节而耻功名不显于天下也。”

管仲之言，层层递进，把朋友之义，写得淋漓尽致。最后得出结论：“生我者父母，知我者鲍子也。”

有人说爱国不是说说，而是要付诸行动，付出代价。交友亦然，也需要付诸行动，也需要付出代价。鲍叔牙即楷模。

管仲事迹，《左传》记述较多，《史记·齐太公世家》对《左传》相关内容略有采用。写《管仲列传》时，作者选择管鲍之交为重点内容，而且一心凸显鲍叔牙之义。可见司马迁特别重视“义”，这可能跟他遭遇死刑绝境时，无任何朋友为他两肋插刀的孤独体验有关。

任何写作都是作者感情体验的投射，写历史也不例外。

延伸知识

管仲的历史贡献

管仲时代，比孔子时代早将近200年。孔子经常跟他的学生讨论管仲，仅《论语》所记，就有四次。可见管仲影响之隆盛。以下是其中两次谈论，请仔细体会孔子对管仲的评价。

原文：

或问子产。子曰：“惠人也。”问子西。曰：“彼哉！彼哉！”问管仲。曰：“人也。夺伯氏骈邑三百，饭疏食，没齿无怨言。”（《论语·宪问篇第十四》）

译文：

有人问孔子，子产其人如何？孔子说："德惠之人也。"问子西这人如何？孔子说："就他呀？就他呀？不足论。"问管仲如何？孔子说："那是仁人啊，功德卓越，为政有方。他取消了伯氏的封地骈邑，300户啊。骈邑从此穷困，一辈子粗茶淡饭，可是到死也没有一句怨言。"

原文：

子贡曰："管仲非仁者与？桓公杀公子纠，不能死，又相之。"子曰："管仲相桓公，霸诸侯，一匡天下，民到于今受其赐。微管仲，吾其被发左衽矣。岂若匹夫匹妇之为谅也，自经于沟渎而莫之知也？"（《论语·宪问篇第十四》）

译文：

子贡即冉雍请教孔子："管仲不算仁者吧？齐桓公成为国君，把争位失败的公子纠杀了。管仲不但不能像召忽那样为公子纠殉身，还转而辅佐齐桓公。"孔子说："管仲辅佐齐桓公，成为春秋第一个霸主，诸侯不敢相互攻伐，实现了天下太平，社会迅速发展，老百姓至今还因此受益。如果没有管仲，我们恐怕至今还是披发左衽的蛮族呢。对这种影响历史的大人物，不能拿普通老百姓的小信义来要求他。如果他像匹夫匹妇那样，在闭塞山沟上吊而死，不就没有人知道了吗？"

孔子谈到管仲不能为公子纠尽忠殉命时，提出："岂若匹夫匹妇之为谅也，自经于沟渎而莫之知也？”此言是否暗示对大人物的道德礼义要求和对普通人的道德礼义要求可以不同？这样说合理吗？请跟同学们讨论讨论。

副课文

和珅阻拦戴吴二公晋升

乾隆末，戴文端公（衢亨）及吴槐江公（熊光），尚为军机章京，两人适同夜直。夜半，忽有某省急递折至，上已披衣阅竟，宣召军机大臣甚急。内监奏军机大臣尚未到，只有该夜班之军机章京两人，已在直房祗候（zhī hòu，恭候）。上询两人姓名，即行召入，以折示之，并口授机宜，令即拟旨进呈。

两人出，运笔如飞，立具草以进，晓畅周浃（jiā，周到），悉如上意。适军机大臣已到齐入对，上以两人所拟示之，并询妥否，咸曰：“甚妥。”于是上盛夸两人之能，命每日即随军机大臣入对。

时和珅方用事，恐分己权。奏曰：“两人本军机处得力之员，即臣等撰拟，皆出其手。今可仍责成在直承办，与面承谕旨无异。若即令随同入对，则官职较卑于枢廷，体制似有未协。”上微哂曰：“汝等不过计较官职之高低，朕又何难处分？汝等且出，即有旨谕。”和珅遂不敢再奏。

未几而朱谕已下，戴衢亨、吴熊光即赏加三品顶戴，在军机大臣上学习行走。和珅为之嗒（tǎ）然。小人之谋，无往不福，君子此之谓欤。

——〔清〕梁恭辰《北东园笔录·卷一》

思考与训练

1. 你有类似管鲍之交的朋友吗？你希望拥有管鲍之友吗？怎样做才能拥有这种命运相连的挚友？

2. 请把副课文《和珅阻拦戴吴二公晋升》中下列句子翻译成白话文。

上微哂曰："汝等不过计较官职之高低，朕又何难处分？汝等且出，即有旨谕。"未几而朱谕已下，戴衢亨、吴熊光即赏加三品顶戴，在军机大臣上学习行走。

第十二课 楚昭王之死

〔西汉〕司马迁

楚昭王身为国王，虔诚守礼，承担祸患，坦然面对疾病和死亡。病危时又坚决传位给诸弟，执义而终。本课着意塑造楚昭王的仁君形象，并引述孔子言论盛赞之。

人物故事

楚昭王（约前523—前489），芈姓，熊氏，名壬，又名轸。楚平王之子，春秋末期楚国国君。前516—前489年在位，他励精图治，造就楚国中兴，是影响力仅次于春秋五霸之一楚庄王的楚王。

主课文

二十七年春[1]，吴伐陈，楚昭王救之，军城父[2]。十月，昭王病于军中，有赤云如鸟，夹日而蜚[3]。昭王问周太史，太史曰："是害于楚王，然可移于将相。"将相闻是言，乃请自以身祷于神。昭王曰："将相，孤之股肱[4]也，今移祸，庸[5]去是身乎！”弗听。

卜而河为祟，大夫请祷河。昭王曰：“自吾先王受封，望[6]不过江、汉，而河非所获罪也。”止不许。孔子在陈，闻是言，曰：“楚昭王通大道矣。其不失国，宜哉！”

昭王病甚，乃召诸公子大夫曰：“孤不佞[7]，再[8]辱楚国之师，今乃得以天寿终，孤之幸也。”让其弟公子申为王，不可。又让次弟公子结，亦不可。乃又让次弟公子闾，五让，乃后许为王。将战，庚寅，昭王卒于军中。

子闾曰：“王病甚，舍其子让群臣，臣所以许王，以广王意也。今君王卒，臣岂敢忘君王之意乎！”乃与子西[9]、子綦[10]谋，伏师闭涂，迎越女之子章立之，是为惠王。然后罢兵归，葬昭王。

（选自《史记·楚世家》）

注释

[1] 二十七年春：指昭王二十七年，即前489年。

[2] 城父：位于今安徽省亳州市谯城区东南，距城区约33千米，南依漳河，北偎涡水。太子建被废后曾居此。

[3] 蜚（fēi）：同“飞”。

[4] 股肱（gǔ gōng）：大腿和胳膊，引申为辅佐君主的重臣。

[5] 庸：难道，岂。

[6] 望：祭祀国中山川。

[7] 不佞：没有才能，用来谦称自己。

[8] 再：第二次，两次。

[9] 子西：楚国大夫，官至令尹（宰相）。

[10] 子綦（qí）：人名。

参考译文

二十七年（前489）春天，吴国攻打陈国，楚昭王出兵救陈，驻军城父。十月，昭王病倒在军中，有红色云霞像鸟一样，围绕太阳飞翔。昭王问周太史吉凶，太史说：“这有害于楚王，然而可以把灾祸移到将相身上。”将相闻听此言，就请求向神祷告，好让自己代替昭王。昭王说：“将相是我的胳膊和大腿，今天把灾祸移到胳膊和大腿上，难道要舍弃这个身体吗！”昭王不同意。

占卜病因，认为是黄河在作祟。大夫们请求祭祷河神。昭王说：“自从先王受封后，遥祭的大川不过是长江、汉水，黄河神我们不曾得罪过。”昭王没有答应大夫们的请求。孔子在陈国，听到这些话，说：“楚昭王通晓大道啊。他没有失去国家，太应该了！”

昭王病重，就把各位公子大夫召来说：“我不才，两次使楚军受辱，今天能得天寿，是我的幸运。”昭王让自己的弟弟公子申继位为楚王，公子申不答应。又让二弟公子结继位，结也不答应。于是又让三弟公子闾继位，三弟推辞五次，才答应做楚王。

楚军将要与吴军交战，庚寅这一天，昭王在军中逝世。子闾说：“昭王病重时，舍弃自己的儿子继位，推让给大臣。我之所以答应昭王，是用来宽慰昭王心意的。现在昭王逝去了，我怎么敢忘记君王的一片好心呢！”于是与子西、子綦商量，秘密派出军队堵塞道路，迎接越女的儿子章，拥立他为王，就是惠王。然后停止进军，返回国内，安葬昭王。

赏析与写作指导

楚昭王的人文精神

《楚昭王之死》是一篇精彩故事，意在突出楚昭王的通达天道、执守仁义。文中共讲了四个小故事。

故事一：大臣建议他做法事将病祟转移到将相身上，这种丢卒保车思路，在古代朝廷极为常见。可是楚昭王不同意，他要自己承担祸祟。他说：“将相，是我的胳膊和大腿，今天把灾祸移到胳膊和大腿上，难道要舍弃这个身体（将相，孤之股肱也，今移祸，庸去是身乎！）？”

故事二：大臣建议祭祀黄河神为昭王治病。昭王不同意，他要严守祖制，只能祭祀长江汉水之神，不想越制祭祀黄河之神。“自吾先王受封，望不过江、汉，而河非所获罪也。”那时孔子正在陈国流浪，他听说楚昭王故事，大加赞赏：“楚昭王通大道矣。其不失国，宜哉！”孔子为什么赞赏楚昭王呢？《礼记·曲礼下》

云："天子祭天地，祭四方，祭山川，祭五祀，岁遍。诸侯方祀，祭山川……非其所祭而祭之，名曰淫祀。淫祀无福。"天子可以祭祀四方山川，诸侯只能祭祀封地境内山川。越制而祭之，既无福，还失礼。孔子称道楚昭王至死都在维护周礼。

故事三：楚昭王想模仿殷商初期古制，兄终弟及，以尽兄弟之义。反复要求弟弟继位。"让其弟公子申为王，不可。又让次弟公子结，亦不可。乃又让次弟公子闾，五让，乃后许为王。"公子闾答应下来，也是为了让大哥临死时高兴一把。昭王死后，他坚持按礼制办事。

三个故事分别表现了楚昭王怀仁、守礼、行义的品德。从塑造人物来说，到此为止文章极为成功。

可是故事四并非可有可无。

三弟公子闾无法推辞，答应继位。可是他毫无贪恋君位之意，虽然昭王传位真心实意，他也不想违背已经成型的父死子继传统。楚昭王去世后，公子闾赶紧与大臣共谋，安排昭王的儿子章继承君位。楚昭王几个弟弟，跟他一样谦退无欲、遵制循礼、行仁执义。这从纵深上说明，楚昭王经营楚国、风教公室、熏染百官是何等成功。楚昭王作为仁君圣主形象，因第四个故事而得到强化。

用人物故事塑造人物形象，其实不难。只是功力各有深浅，习者别用司马迁的水平压自己就是。

在目前所能观察到的动物群体中，首领都是承担最大责任者。人类古代君王也不例外。那些名垂千古的明君圣主，都是能够克制私欲、竭诚为国、尽心利民、担当患难者。唯其如此，才能做到选拔贤能为国效力，并得到百姓认可称道。子曰：“举直错诸枉，则民服；举枉错诸直，则民不服。”（《论语·为政第二》）

如果君王缺乏担当精神，只想着利用天下资源满足私欲，他就必定要排斥忠良贤能，利用小人为其谋私谋邪。如此，则朝堂没有正气，国家沦陷于邪气之中。民有怨愤，财无积聚，国力疲顿，无力应对内忧外患，稍有契机即大难爆发，身死国灭。

古代诸子为什么口不离仁义，言不离君王，盖因君王一身所系，乃民福国运。读书人无兵无财，只能通过劝诫君王、辅助君王介入利国利民事务。

延伸知识

楚国衰弱的祸根

楚昭王出生之前，其父楚平王已立儿子建为太子。前 527 年（楚平王二年），楚大夫费无忌，奉命到秦国为太子建迎娶新妇。新妇的美貌让费无忌惊讶不已，回国后，他建议楚平王娶秦女为妃，再替太子建另娶。楚平王果然自娶这位秦女，生下儿子珍。楚平王对秦女和珍都极其宠爱，最终决定立珍为太子，废掉原太子建。

前 516 年（楚平王十三年），楚平王去世。太子珍才七八岁，况且其母本应为前太子建之妻，大家都觉别扭，故而将军子常想立令尹子西为王。子西系楚平王庶弟，德才俱佳，足以服众。可是子西说："国家运行需有法则，改立君主就是破坏法则，必将招致祸乱。"谢绝为君。于是大家拥立太子珍即位，是为楚昭王。

楚平王为儿子娶媳妇，最后纳入自己后宫的现象，在春秋战国时期，各国均十分常见，常常闹出大事。平王此举，即给楚国社稷埋下祸根。太子建的师傅伍奢反对废太子，楚平王诛杀伍奢及其儿子伍尚。伍奢另一个儿子伍子胥逃到吴国，成为后来攻楚的力量。楚平王重用费无忌，费无忌策动令尹囊瓦诛灭人望极佳的左尹伯郤宛（xì wǎn）家族。伯郤宛之子伯嚭逃到吴国，后来官至宰辅，跟吴王阖闾、孙武、伍子胥一起，兴兵灭楚。那时楚平王已死，被伍子胥掘坟辱尸。

废太子建长期流亡列国，一度想篡夺郑国江山，被郑国诛杀。建之子白公胜回楚后，发动叛乱，诛杀子西和子期，囚禁楚惠王，自立为楚王，后兵败自杀。楚国经历这么多折腾，终于转盛为衰。而其最初的祸根，就是楚平王抢了本该属于儿子的女人。平王失礼乱政在先，国家祸乱随之而至。

孔子天天喊着要大家守礼，不是没事找事，也不是为了他自己，而是为了天下太平，万民安宁。

副课文

枪炮说上

自枪炮兴，而弓矢戈矛之术废。战阵胜负之数，与前迥殊，即所以论将才者亦异。

古之将才杰出者，如项羽之拔山扛鼎，其气固盖一世矣。至若汉之黥（布）彭（越），蜀之关张，唐之褒鄂，明之常遇春、傅友德等，皆以武勇显名于时，奋建奇绩。即岳武穆将才天挺，百战百胜，而其武艺绝伦，亦实非一时诸将所及。夫战勇气也，故自古恃勇而胜者十常七八。

今之决战则不然。设以虢（guó）猛绝伦之将，而遇快枪精炮，不能不殒于飞铅之下，虽拔山扛鼎之雄，亦奚益哉！往者粤寇（对太平天国义军的诬称）之乱，将才辈出，塔、罗、杨、彭、多、鲍诸公，出百死入一生，撤去捍蔽，立群子最密之处而不避，用能累战累捷。语人曰："炮固有眼，不吾伤也。"此亦倡勇敢之一法。然究当听命于天，不尽以人事为胜负。且当时粤寇之用，不过中国旧式枪炮耳，否则西人所废弃之枪炮耳，若有今日至精之枪炮，恐应之之法，又稍不同。

居今日而论将才，不外筹款之裕，鸠工（聚集工匠）之良，取法之精，操练之勤，四者备矣。善用之则胜，不善用之则败。智勇固不可阙，所以用厥（jué）勇者不同矣。若夫恩威兼济，赏罚必信，法令简肃，实用兵机要所最先。此又古今不变，中外不变者也。

——〔清〕薛福成《晚清文选·卷中·枪炮说》

1. 像楚昭王这样行仁执义、担当大道的君王，中国古代层出不穷。请从历史上找出一两位类似君王，将其事迹、贡献、影响讲给身边朋友听听。

____

____

____

2. 文言文省略主语的情况比较多，有时候文中主语已经改变，可是因为省略，读者稍微粗心就难于意识到，这给我们的阅读增加许多困难。我们必须高度重视，有意克服这个困难，以尽快提高文言文阅读能力。细读主课文下面句子，在括号内填写后边行为的主语是谁。

（　）让其弟公子申为王，（　）不可。（　）又让次弟公子结，（　）亦不可。（　）乃又让次弟公子闾，（　）五让，（　）乃后许为王。

第十三课　张良力阻复六国

〔西汉〕司马迁

张良认为，郦食其复立六国后裔，用以对抗项羽势力的想法，十分错误。他一连列举八个理由，详述其弊害，促使刘邦放弃此计划，从而避免了一场倒退到封君建国制度的历史危机。

人物故事

张良（约前250—前186）：字子房，河南颍川城父（今河南宝丰县）人，秦末汉初杰出政治家、战略家，协助刘邦建立汉朝的主要谋臣，与韩信、萧何并称“汉初三杰”，封留侯，谥文成侯。张良的祖父、父亲均为韩国宰相。秦灭韩，张良立志报仇，曾组织壮士在博浪沙行刺秦始皇，事败，隐匿下邳。后投奔刘邦，致力于灭秦立汉。在不居秦宫、明烧栈道、暗度陈仓、荥阳对峙、反对复辟六国、团结韩信、脱身鸿门宴、策反项伯、不居楚宫、拉拢英布彭越、先封雍齿、定都长安、维护太子刘盈等重大问题上，起到关键作用。最后功成身退，隐居田园。他是以足智多谋光照史册的偶像式人物，对中国政治史有深刻影响。刘邦曾云："夫运筹策帷帐之中，决胜于千里之外，吾不如子房。"

郦食其（lì yì jī）：汉王刘邦的谋臣，纵酒使气，疏阔狂放，豪侠倜傥，才华纵横，深得刘邦欣赏。他足智多谋，敢作敢为，功勋卓著。楚汉战争最艰难时期，他主动提出游说齐王归汉。齐王由此撤销防备，一心向汉。可是韩信为了抢功，悍然攻打已经归服的齐国。齐王以为中了郦食其奸计，怒而将其烹杀。

主课文

汉三年[1]，项羽急围汉王荥阳，汉王恐忧，与郦食其谋桡[2]楚权。

食其曰："昔汤伐桀，封其后于杞。武王伐纣，封其后于宋。今秦失德弃义，侵伐诸侯社稷，灭六国之后，使无立锥之地。陛下诚能复立六国后世，毕[3]已受印，此其君臣百姓必皆戴陛下之德，莫不乡风慕义，原为臣妾[4]。德义已行，陛下南乡[5]称霸，楚必敛衽[6]而朝。"汉王曰："善。趣[7]刻印，先生因[8]行佩之矣。"

食其未行，张良从外来谒。汉王方[9]食，曰："子房前！客有为我计桡楚权者。"具以郦生语告，曰："于子房何如？"良曰："谁为陛下画此计者？陛下事去矣。"汉王曰："何哉？"

张良对曰："臣请藉[10]前箸为大王筹之。"曰："昔者汤伐桀而封其后于杞者，度能制桀之死命也。今陛下能制项籍之死命乎？”曰：“未能也。”

“其不可一也。武王伐纣封其后于宋者，度能得纣之头也。今陛下能得项籍之头乎？”曰：“未能也。”

“其不可二也。武王入殷，表商容[11]之闾，释箕子之拘，封[12]比干之墓。今陛下能封圣人之墓，表贤者之闾，式[13]智者之门乎？”曰：“未能也。”

“其不可三也。发钜桥[14]之粟，散鹿台[15]之钱，以赐贫穷。今陛下能散府库以赐贫穷乎？”曰：“未能也。”

“其不可四矣。殷事已毕，偃革[16]为轩[17]，倒置干戈，覆以虎皮，以示天下不复用兵。今陛下能偃武行文，不复用兵乎？”曰：“未能也。”

“其不可五矣。休马华山之阳，示以无所为。今陛下能休马无所用乎？”曰：“未能也。”

“其不可六矣。放牛桃林之阴，以示不复输积。今陛下能放牛不复输积[18]乎？”曰：“未能也。”

“其不可七矣。且天下游士离其亲戚，弃坟墓，去故旧，从陛下游者，徒欲日夜望咫尺之地。今复六国，立韩、魏、燕、赵、齐、楚之后，天下游士各归事其主，从其亲戚，反其故旧坟墓，陛下与谁取天下乎？其不可八矣。且夫楚唯无强，六国立者复桡而从之，陛下焉得而臣之？诚用客之谋，陛下事去矣。”

汉王辍食吐哺[19]，骂曰：“竖儒[20]，几败而公事！”令趣销印。

（选自《史记·留侯世家》）

注释

[1] 汉三年：前202年，刘邦在定陶登基称帝，是为汉元年。汉三年即前200年。

[2] 桡（náo）：通“挠”，削弱。

[3] 毕：副词，都；全部。

[4] 臣妾：奴隶，这里指臣民。

[5] 乡（xiàng）：通“向”。

[6] 敛衽（liǎn rèn）：提起衣襟夹在带间，以示敬意。衽，衣襟。

[7] 趣：通“促”，急忙；赶紧。

[8] 因：副词，就；于是。

[9] 方：副词，正；正在。

[10] 藉（jiè）：通“借”。

[11] 商容：殷纣王时期主掌礼乐的大臣，因不满纣王的荒唐暴虐，多次进谏而被黜。

[12] 封：聚土筑坟。

[13] 式：通“轼”，扶着车轼敬礼。轼，古代车厢前用作扶手的横木。

[14] 钜桥：纣王用来储存粮食的仓库。

[15] 鹿台：纣王所建之宫苑建筑，在商都附近。

[16] 革：指革车，也就是兵车。

[17] 轩：大夫以上贵族乘坐的车。

[18] 输积：输送聚积的物资。

［19］哺（bǔ）：咀嚼着的食物。

［20］竖儒：对死读书而不知变通者的鄙称。

参考译文

汉三年（前202），项羽把汉王紧紧地围困在荥阳，汉王忧恐，与郦食其商议削弱楚国的势力。

郦食其说："往昔商汤讨伐夏桀，封夏桀后人于杞。周武王讨伐商纣，封商纣后人于宋。如今秦朝丧失德政、抛弃道义，侵伐诸侯各国，消灭六国的后裔，使其无立足之地。陛下果能重新封立六国后裔，使其接受陛下印信，则六国君臣百姓一定都感戴陛下恩德，无不归顺服从，无不仰慕道义，甘愿做陛下的臣民。恩德道义既行，陛下就可南面称霸，楚王定会整好衣冠恭敬来朝。"汉王说："好。赶紧刻制印信，先生就可带印出发了。"

食其还未启程，张良从外面回来谒见汉王。汉王正在吃饭，说："子房过来！有人为我谋划如何削弱楚国势力。"接着把郦食其的话转告张良，问道："子房觉得这事如何？"张良说："谁替陛下出的这个主意？陛下的大事要完了。"汉王问："为什么？"

张良回答说："我请求借用您面前的筷子为大王筹划一下形势。"接着说："往昔商汤讨伐夏桀而封夏桀后人于杞，那是估计到能置桀于死地。当前陛下能置项籍于死地吗？"汉王说："不能。"

张良说："这是不能那样做的第一个原因。周武王讨伐商纣而封商纣后人于宋，那是估计到能得到纣王的头。现在陛下能得到项籍的头吗？”汉王说：“不能。”

张良说：“这是不能那样做的第二个原因。武王攻入殷商的都城后，在商容居住的里巷的大门上表彰他，释放囚禁的箕子，重新修筑比干的坟墓。如今陛下能修筑圣人的坟墓，在贤人居住的里巷的大门上表彰他，在智者前向他致敬吗？”汉王说：“不能。”

张良说：“这是不能那样做的第三个原因。周武王曾发放巨桥粮仓的存粮，散发鹿台府库的钱财，以此赏赐贫穷的民众。目前陛下能散发仓库的钱财来赏赐贫穷的民众吗？”汉王说：“不能。”

张良说：“这是不能那样做的第四个原因。周武王灭殷以后，废止兵车，做成轩车，倒置兵器盖上虎皮，用以向天下人表明不再动用武力。现在陛下能停止战事，推行文治，不再动用武力了吗？”汉王说：“不能。”

张良说：“这是不能那样做的第五个原因。周武王将战马放牧在华山的南面，以此表明没有用它们的地方了。眼下陛下能让战马休息不再使用它们吗？”汉王说：“不能。”

张良说：“这是不能那样做的第六个原因。周武王把牛放牧在桃林的北面，以此表明不再输送为作战而聚积的物资。而今陛下能放牧牛群不再输送聚积的物资吗？”汉王说：“不能。”

张良说：“这是不能那样做的第七个原因。再说天下从事游说活动的人离开他们的亲人，舍弃了祖坟，告别了老友，跟从陛下各处奔走，只是日夜盼望得到一块小小的封地。现在让六国复国，拥立韩、魏、燕、赵、齐、楚的后代，天下从事游说活动的人各自回去侍奉他们的主上，伴从他们的亲人，返回他们的旧友和祖坟所在之地，陛下同谁一起夺取天下呢？这是不能那样做的第八个原因。当前只有使楚国不再强大，否则六国被封立的后代再一次被削弱而跟从楚国，陛下怎么能够使他们臣服？果真采用此人计谋，陛下的大业就完蛋了。”

汉王停下吃饭，吐出口中的食物，骂道：“这个书呆子，几乎败坏了老子的大事！”下令销毁那些印信。

赏析与写作指导

张良拍案而起论六国

这篇《张良拍案而起论六国》，论述不可封立六国后裔、复辟六国的道理，张良一连排出八个理由，一气呵成，令人信服。

张良服膺道学，明哲保身。平时进言，皆三言两语，点到为止，可谓含蓄温润，引而不发。好在刘邦聪慧明敏，每次张良轻轻一点，他就心领神会，照办不误。

唯此复辟之事，张良血脉偾张，拍案而起，以决一死战的姿态，坚决反对。于是辞令激越，语气铿锵，如排炮出膛，万箭齐发，颇有排山倒海、雷霆万钧之势。《史记》各篇无数次叙及张良献计，记其言论最长者，即此一处。

为何张良独于此言论激越？为何司马迁独于此大段记述张良言论？他们都知道，悠悠万事，唯此为大。楚汉相争，不过谁胜谁败问题；复辟六国，则事关未来国体和历史走向，其影响远超胜败之局。

刘邦虽然雄才大略，豪爽宽博，但他只是社会底层一位干才，缺乏必要的文化准备，于史于政，知识短缺。对于天下大势、历史走向、国家体制、治乱经验、兴衰教训，未能胸有成竹。所以他进占咸阳，渴望尽享秦宫珍宝，打下彭城，渴望尽拥楚宫美女。对于未来国家格局、天下面貌，他缺乏充分的想象与规划，对于复辟六国，他根本不知道意味着什么。

如果复辟六国，秦始皇统一中国而给中国历史奠定的大一统格局、整体性进步、领先式发展、持续性辉煌，都将可能不复存在。中国将可能重回战国状态，日夜纷争，最后四分五裂，犹如今日欧洲，分裂为若干小国，风教各异、文字各异、语言各异、利益各异，总之是一盘散沙。今日以“中国”命名的政治实体和文化实体，都将不复存在。那显然是逆势而为，中国为此承受的苦难，将超过战国时期。

张良乃谋臣，其职守为“运筹于帷幄之中”。可是此时此刻，张良激愤中忘了他的职守和风格，拍案而起，迈出帷幄，冲向前线，以奋勇杀敌的刚烈和决绝，杀灭复辟六国的错误主张。连刘邦正在吃饭他也不顾，如排炮般给他连射八炮。

“武王伐纣封其后于宋者，度能得纣之头也。今陛下能得项籍之头乎？”

“武王入殷，表商容之闾，释箕子之拘，封比干之墓。今陛下能封圣人之墓，表贤者之闾，式智者之门乎？”

“殷事已毕，偃革为轩，倒置干戈，覆以虎皮，以示天下不复用兵。今陛下能偃武行文，不复用兵乎？”

刘邦一遍遍地回答说：“未能也。”

张良则一边发问一边做出铁一般的结论：

“其不可一矣。”

“其不可二矣。”

“其不可三矣。”

一直到“其不可八矣”。

好在刘邦智超常伦，深明大义，一触即通，立即放弃此错误主张，成全了张良的历史贡献，最后继承并完善秦制，为开创中国的辉煌历史，做出了决定性的贡献。如果考虑到张良本系韩国世代宰相之后，实际上是六国的既得利益者，尤见张良高品大德。如果复立六国，其祖宗荣耀就重新有所附丽。张良反对复立六国，乃是以天下之利为重，而不考虑个人私利。

噫吁嚱，微张良，汉帝国还会出现吗？

延伸知识

汉初的官二代、官三代

汉五年（前 202），项羽兵败自杀，楚汉相争基本结束。汉六年正月，刘邦在洛阳大赏功臣，一口气封侯 20 余人。张良以谋略之功封为留侯。后又陆续加封，共封侯 134 位。按照古制，这些爵位皆可世代沿袭，与国同寿。

古代许多国家，都给皇族、贵族加封爵位，以区分身份等级高低与政治权力大小。中国据说至迟从尧帝开始，就有五爵封号。但尧舜禹汤的封赏情况，缺乏文献证据。目前有文献证实者，最早为周代。周代爵位分公、侯、伯、子、男五等。

据《史记》记载，汉初封爵，除了王就是侯，未见公、伯、子、男爵号。但是封侯极为讲究，侯与侯差异很大。有的侯位（如关内侯）只是荣誉，没有封地。有的侯封地三万户，有的侯只有几百户。封户多少，全看皇上和朝廷重臣对你功勋的认可程度。

刘邦在楚汉战争中，还先后封了八个王。基本都是张良出于战略布局之需建议封王的。八个异姓诸侯王分别是：

赵王张耳

淮南王英布

燕王臧荼

韩王韩信

齐王韩信（后徙为楚王，再后降为淮阴侯）

梁王彭越

燕王卢绾

长沙王吴芮

这八个人，都是统领一方的将帅，实力雄厚。他们对楚汉的态度，直接影响着谁胜谁败。其所据地盘，对战争的格局也影响巨大。项羽战败、汉祚初立之后，八王中的大多数，因为谋反、半谋反、相互猜忌等原因被刘邦消灭，爵号当世而没。

仅有长沙王吴芮（江西鄱阳一带人），偏居南隅，清心寡欲，遵纪守法，爵号延续五代。

立国既稳，汉代不再封异姓王，只封皇室子弟为王，用以藩屏首都，鼎助中央。这些诸侯王及其封国，乃是天下腐败堕落、萎靡沉沦的渊薮。

汉初所封100多位侯，其爵禄延续情况如何呢？有的侯功高傲主，触犯礼法，当世即没。大多仅延续二三代。那些官二代、官三代，自以为品如兰桂，德如珠玉，智如日月，高人八等。他们上不尊国，目无天子，违法抗命；下不重民，贪婪掠夺，变态欺辱。他们失道丧德，滥情纵欲，作奸犯科，藐视人伦，直弄得官民共愤，礼法盛怒。往往重者灭族，中者诛身，轻者夺爵，贬为庶民。概括起来就是："子孙骄溢，忘其先，淫嬖。"忘本了，荒淫无道了，自取灭亡了。司马迁在《史记·高祖功臣侯者年表》序言中说，汉初143个侯，到汉武帝太初年间，还保有侯位的家族，仅有五个。

高爵厚禄，本是对其奋斗精神、建国功勋的奖赏，也是对其人生价值的彰显。其光其荣，自不待言。然而，谁能想到，对大多数家族来说，这爵位恰是毁灭其二代三代子孙的不二杀手呢！

副课文

刘邦论张良功勋

《史记》中重笔写到留侯张良的，有《留侯世家》《项羽本纪》《高祖本纪》三篇文章。本编者根据这些材料，编写了《张良七功》，讲了七个故事，凸显张良在灭楚立汉过程中所起的巨大作用和历史贡献。所辑都是原文，未加只言片语。兹将其中《先封雍齿稳军心》和《封爵留侯》列于下，请认真阅读。有本课正文和相关介绍打底，读懂大意颇有基础。不求甚解，只要明白八成即可。

先封雍齿稳军心

上已封大功臣二十余人，其余日夜争功不决，未得行封。上在雒阳南宫，从复道望见诸将往往相与坐沙中语。上曰："此何语？"留侯曰："陛下不知乎？此谋反耳。"

上曰："天下属安定，何故反乎？"

留侯曰："陛下起布衣，以此属取天下，今陛下为天子，而所封皆萧、曹故人所亲爱，而所诛者皆生平所仇怨。今军吏计功，以天下不足遍封，此属畏陛下不能尽封，恐又见疑平生过失及诛，故即相聚谋反耳。"

上乃忧曰："为之奈何？"

留侯曰："上平生所憎，群臣所共知，谁最甚者？"

上曰："雍齿与我故，数尝窘辱我。我欲杀之，为其功多，故不忍。"

留侯曰："今急先封雍齿以示群臣，群臣见雍齿封，则人人自坚矣。"于是上乃置酒，封雍齿为什方侯，而急趣丞相、御史定功行封。

群臣罢酒，皆喜曰：“雍齿尚为侯，我属无患矣。”

——〔西汉〕司马迁《史记·留侯世家》

封爵留侯

高祖置酒洛阳南宫。高祖曰：“列侯诸将无敢隐朕，皆言其情。吾所以有天下者何？项氏之所以失天下者何？”高起、王陵对曰：“陛下慢而侮人，项羽仁而爱人。然陛下使人攻城略地，所降下者因以予之，与天下同利也。项羽妒贤嫉能，有功者害之，贤者疑之，战胜而不予人功，得地而不予人利，此所以失天下也。”高祖曰：“公知其一，未知其二。夫运筹策帷帐之中，决胜于千里之外，吾不如子房。镇国家，抚百姓，给馈饷，不绝粮道，吾不如萧何。连百万之军，战必胜，攻必取，吾不如韩信。此三者，皆人杰也，吾能用之，此吾所以取天下也。项羽有一范增而不能用，此其所以为我擒也。”

——〔西汉〕司马迁《史记·高祖本纪》

汉六年正月，封功臣。良未尝有战斗功，高帝曰：“运筹策帷帐中，决胜千里外，子房功也。自择齐三万户。”良曰：“始臣起下邳，与上会留，此天以臣授陛下。陛下用臣计，幸而时中，臣原封留足矣，不敢当三万户。”乃封张良为留侯，与萧何等俱封。

——〔西汉〕司马迁《史记·留侯世家》

思考与训练

《留侯世家》指出:“张良多病，未尝特将也，常为画策，时时从汉王。”张良身体不好，无法冲锋陷阵，所以未曾单独带兵作战，一直在刘邦身边出谋划策。又说:“留侯从入关。留侯性多病，即道引不食穀，杜门不出岁余。”汉政权定都长安之后，张良跟随入关，一直多病，靠做气功维持身体能量，闭门不出修炼一年。这么病病歪歪一个人，竟然成为大汉开国元勋，刘邦麾下三杰之一，为什么？因为张良在这个伟大工程中，找准了自己的位置，那就是做战略家和谋臣，一个伟大工程也正好需要各种类型的人互补互依。如果都是赳赳武夫，打一个小仗可以马到功成，打一个有规模的大战役，就未必能得胜，遑论立国治天下。

一个人不必懊丧自己不是天才，只要在学习、工作、生活中，找准自己的位置，发挥自己的长处，忠诚勤奋有担当，就能成为团队中不可或缺的一员，就能显示出你独特的价值和贡献。哪怕是在一个三四人的学习小组，也必须有角色差异，才能合作成功。所以，找准自己的位置，是与人合作和谐并成功的必要条件。

仔细想想自己的长处在哪里，在你所处的环境中，你应该担当什么角色，发挥什么长处？

第十四课　俭朴皇帝毁珠玉

〔北宋〕司马光

题解

三个故事（废进贡、砸宝玉、简葬简墓），一句谈话（“岂敢厚自奉养以病下民乎！”），塑造了一个俭朴低调、为民着想的好皇帝形象。

人物故事

郭威（904—954）：后周太祖（951—954 年在位），字文仲，别名郭雀儿。邢州尧山（今河北省邢台市隆尧县）人。幼年父母双亡，在穷困艰苦环境中长大。曾为后汉邺都留守、枢密使，后汉隐帝刘承祐（948—950 年在位）死后，他假意拥立刘赟为帝，让李太后临朝听政。随后在澶州，以兵变方式黄袍加身，率兵入京，要李太后任他为监国，掌控朝政。稍后，李太后顺水推舟，禅位于他。《资治通鉴》云:“春，正月，丁卯，汉太后下诰，授监国符宝，即皇帝位。”这一年是 951 年。他宣布自己是“周室之裔，虢叔之后，国号宜曰周”。后周由此建立。他废除宫廷奢侈珍宝，虚心纳谏，革除严刑峻法，经济有所恢复，庶民境遇有所改善。由于登基前其后代被汉隐帝杀光，他将皇位传给了妻侄柴荣（周世宗）。

王峻（902—953）：后周枢密使，兼同中书门下平章事（宰相）。郭威对他极为恩宠容让。但他过于骄纵，要求罢免太祖任命的宰相李谷、范质，改由他的两位党羽颜愆、陈观任宰相，胡搅蛮缠，威胁皇权。被贬商州司马，不久以腹疾病逝。

柴荣（921—959）：即周世宗。他本是郭威妻侄，被收为养子。郭威称帝后，封他为晋王。后继承皇位，成为后周第二位皇帝（954—959年在位）。

主课文

一

帝谓王峻曰："朕起于寒微，备尝艰苦，遭时丧乱，一旦为帝王，岂敢厚自奉养以病下民乎！"命峻疏四方贡献[1]珍美食物。庚辰[2]，下诏悉罢之[3]。其诏略曰："所奉止于朕躬，所损被于甿庶[4]。"又曰："积于有司之中，甚为无用之物。"又诏曰："朕生长军旅，不亲学问，未知治天下之道，文武官有益国利民之术，各具封事以闻，咸宜直书其事，勿事辞藻。"

帝悉出汉宫中宝玉器数十，碎之于庭，曰："凡为帝王，安用此物！闻汉隐帝日与嬖宠[5]于禁中嬉戏，珍玩不离侧。兹事不远，宜以为鉴。"仍戒左右，自今珍华悦目之物，无得入宫。

二

帝屡戒晋王[6]曰："昔吾西征，见唐十八陵无不发掘[7]者，此无他，惟多藏金玉故也。我死，当衣以纸衣，敛以瓦棺。速营葬，勿久留宫中。圹[8]中无用石，以甓[9]代之；工人役徒皆和雇[10]，勿以烦民。葬毕，募近陵民三十户，蠲[11]其杂徭，使之守视。勿修下宫，勿置守陵宫人[12]，勿作石羊、虎、人、马。惟刻石置陵前云：'周天子平生好俭约，遗令用纸衣、瓦棺，嗣天子不敢违也。'汝或吾违，吾不福汝。"

（选自《资治通鉴·后周纪一、二》）

注释

[1] 疏四方贡献：梳理、清理四方贡品。

[2] 庚辰：庚辰日。以天干地支纪日，即951年1月18日。

[3] 悉罢之：全部停止进贡。

[4] 甿庶（méng shù）：百姓。

[5] 嬖宠（bì chǒng）：指受君主宠爱的妃嫔。

[6] 晋王：指周世宗柴荣。

[7] 发掘：盗墓。

[8] 圹（kuàng）：墓穴。

[9] 甓（pì）：用砖砌。

[10] 和雇：官府出钱雇用技工、民匠从事劳役制作。

[11] 蠲（juān）：免除。

[12] 守陵宫人：像伺候在世的帝王一样，在陵园伺候死后帝王的日常起居的宫人。

参考译文

一

太祖对宰相王峻说："朕身份卑微，吃尽人间苦，遭逢动乱时代。如今成为帝王，岂敢独独优厚自己，而损害百姓呢！"命令王峻清理四方贡献的珍美食物，庚辰日（十八日），下诏令停止全部进贡。诏书大致说："所供养的只是朕一人，而受损害的却是天下万民。"又说："贡品贮存于府库，都成无用之物。"又下诏说："朕生长在军队，没机会接近学问，不懂安邦治国之道。文武官员有利国利民之策，各自奏报让我知道，都要直陈其事，不要讲究辞藻。"

太祖将后汉宫中积累多年的珠宝玉器全部清出，在庭中砸碎，说："当帝王的，怎么能迷恋这些玩物！汉隐帝整日与亲信宠臣在宫禁中玩乐，珍宝古玩不离身边，这不就亡国了吗？此事不远，应该引为鉴戒。"还命令左右，从今以后，珍贵华美、赏心悦目的玩物，一律不得弄到宫中来。

二

太祖多次告诫晋王："从前我西征，看到唐朝18座皇陵，没有不被盗墓的，只因墓中埋了太多金银珠玉。我死后，当给我穿上纸衣，用陶棺收殓我。尽快安葬，不要久留宫中。墓穴中不要用石材，拿砖头砌好即可。工匠役徒都由官府出钱雇佣，不要征徭役加重老百姓负担。安葬完毕，就近招募30家百姓，免除他们的各种徭役，让他们一心守护陵园。不要修地宫，不要设置守陵宫人，不要造石羊、石虎、石人、石马。只需刻一块石碑立在陵前，写上：‘周天子平生好俭约，遗令用纸衣、瓦棺，嗣天子不敢违也。’你如果违背我嘱托，我在地下就不保佑你。”

赏析与写作指导

三个故事写活一个人物

中国鼎，一般都是三足。三个足能立起一个鼎，三个故事也能立起一个人物形象。本文就是用废进贡、砸宝玉、简葬简墓三个故事，立起了一个俭朴皇帝周太祖的形象。

与此同时，本文还引述了一句周太祖的谈话——“岂敢厚自奉养以病下民乎”——给三个故事赋予了灵魂。郭威的俭朴不是为俭朴而俭朴，而是为了给苦难中的老百姓减轻负担，让他们活得轻松些。这句话让我们进入了太祖的精神世界。一个在老百姓的苦难环境中成长起来的皇帝，这样感受问题、考虑问题、抉择政治方向，合情合理。

鼎是礼器，光以三足立起来还不够，还必须具有光泽和神性。本文那句话，就是给鼎赋予光泽和神性的因素，它让鼎能够活起来，让鼎显示出灵魂。

写记叙文，写故事，写叙事作品，其实不难。只要像此文这样，用三个故事塑造一个形象，然后用人物语言、内心独白、他人评价等方式，给这个形象赋予灵魂，你的文章就活了，就一定是佳作。

延伸知识

郭威俭朴为的啥?

自秦始皇自称为皇帝，后来领有天下的君主，全都循例自称皇帝。直到清末国家崩溃，宣统皇帝溥仪逊位，中国历史上共出现 422 位皇帝。历史上有穷奢极欲、荒于国政的坏皇帝，也有轻徭薄赋、勤政治国的好皇帝。还有前期励精图治、后期腐化堕落的复杂皇帝。后周太祖郭威，就是一个俭朴的好皇帝。他上台之后，不断废除苛法，改善老百姓的待遇，致力于发展经济。本文集中表现了他的俭朴作风。

先看看用几件事来表现太祖的俭朴。

第一件，废除四方进贡美食制度。“命峻疏四方贡献珍美食物”“下诏悉罢之”。

第二件，砸碎宫中玉器，宣布此后不许珍美玩物跟皇宫沾边。“帝悉出汉宫中宝玉器数十，碎之于庭。仍戒左右，自今珍华悦目之物，无得入宫。”

第三件，临终遗嘱，简葬简墓。关于简葬：“衣以纸衣，敛以瓦棺。速营葬，勿久留宫中。圹中无用石，以甓代之。”关于简墓：“葬毕，募近陵民三十户，蠲其杂徭，使之守视。勿修下宫，勿置守陵宫人，勿作石羊、虎、人、马。”

他这三个决定，在古代皇宫都是石破天惊之举。哪有皇宫辞谢进贡的？哪有皇宫不要珠玉珍宝的？哪有帝王不厚葬厚祭的？这个“起于寒微”的将军皇帝，跟其他几百个皇帝相比，的确有点特立独行。

他这些特立独行之举，有没有一个凝聚点？他为什么要这样？目的何在？用心何在？文中表述过其动机其目的吗？

有表述。

“岂敢厚自奉养以病下民乎！”

是的，不能增加民众的负担，不能用老百姓的血汗来成全自己的贪欲和享乐，这是他的出发点。

太祖要求简葬，含有避免盗墓的用意，但是，更为根本的用意，还在于不许“病下民”的原则。他讲得很明确，为他建墓，不能征徭役，而必须花钱雇佣劳力，目的是“勿以烦民”。“勿置守陵宫人”，不要搞一堆吃皇粮的宫女，在墓地像照顾生者一样，伺候墓主的饮食起居，那多破费啊。目的还是“勿以烦民”，勿“病下民”。

为什么大多数皇帝都没有意识到“岂敢厚自奉养以病下民乎”，独独郭威于此特别计较呢？何止皇帝没意识到，天下所有穷奢极欲的达官贵人，其立意恰恰在于要“厚自奉养以病下民”，要“用老百姓的血汗来成全自己的贪欲和享乐”。人跟人真是不一样啊。一样的手脚一样的脸，长着一颗不一样的心。

郭威自己解释了处处为民着想的原因：

“朕起于寒微，备尝艰苦。”

这个在社会底层摸爬滚打长大的人，不但自己吃尽人间苦，还知道天下穷人都是在艰苦中度日。兵荒马乱，苟延残喘，官府增加一点点负担，都可能是压死穷人的最后一根稻草。郭威禁止向老百姓索要贡品。

所以，他觉得必须奉献满朝智慧，把国家治理好，让老百姓能活得好一些。

除了“勿以烦民”，他还要“利民福民”，这才是一个帝王的职责所在。刚登基他就对吃皇粮的臣子下诏说：“朕生长军旅，不亲学问，未知治天下之道，文武官有益国利民之术，各具封事以闻，咸宜直书其事，勿事辞藻。”励精图治、富民强国的心愿，非常热切。而这样坦诚地跟臣子说话问策，何其难得。

如此俭朴的帝王，历史上绝非个别。南朝刘宋开国之君武帝，“清简寡欲，严整有法度，被服居处，俭于布素，游宴甚稀，嫔御至少。财帛皆在外府，内无私藏。岭南尝献入筒细布，一端八丈，帝恶其精丽劳人，即付有司弹太守，以布还之，并制岭南禁作此布。公主出适，遣送不过二十万，无锦绣之物。内外奉禁，莫敢为侈靡”（《资治通鉴·宋纪一》）。沈约《宋书》对此写得更为详细，不多引述了。仅此一段文字，华丽贡品送还，还不让再生产，地方官还得追究责任，公主出嫁竟然无锦绣陪嫁，其俭其朴，诚已极哉。

副课文

饮食日用之物

饮食日用之物，非目睹不知其制造之秽。余在福建见制冰糖者，皆杂以猪脂。在兰溪观制南枣，用牛油拌之乃见光彩，故嗅之微有膻气也。富阳竹氏（纸）名天下，造时竹丝不用小便煮，则不能烂。淮甸虾米贮久变色，浸以小便，即红润如新。河南鱼在河上斫造，盛以荆笼，入汴，道中为风沙所侵，有败者乃以水濯，小便浸一过，控干入物料，肉益紧而味回。然僧家以冰糖、南枣供佛，道家用竹纸书符、上表，至虾米、鱼，江南人家均珍为美味，习而不察，无乎不可也。先大父尝言：嘉庆初年，在四川一驿遇福文襄郡王行边，州、县极供张之盛。以王喜食白片肉，肉须用全猪煮烂味始佳，乃设一大镬，投全猪于中煮之。未及熟，而前驱至，传王谕，以宿站尚远，一到即饭，以便赶行。无如肉尚未透，庖人窘甚，忽焉登灶解裤，溺于镬中。先大父惊询其故，则曰："忘带皮硝，以此代之。"比王至，上食，食未毕，忽传呼某县办差人，先大父惊曰："必觉其臭矣。"既乃知王以一路猪肉无若此驿之美者，赏办差者宁绸袍褂料一副。

——〔清〕陈其元《庸闲斋笔记·卷三》

思考与训练

请把下列诏书，用现代汉语进行扩写，要求不少于200字。

朕生长军旅，不亲学问，未知治天下之道，文武官有益国利民之术，各具封事以闻，咸宜直书其事，勿事辞藻。

第十五课　谭嗣同传

〔清〕梁启超

本文先写谭嗣同求学求道过程，他穷研天下大势，遍察神州山川，憋着雄心壮志无法施展，然后在变法运动中横空出世，大刀阔斧推进改革。为了凸显其救国强国之志和担当精神，重点叙述他动员袁世凯勤王护法、失败后抱定牺牲决心两事件，一个呼吸宇宙、吞吐河山的伟人形象跃然纸上。

人物故事

梁启超（1873—1929）：字卓如、任甫，号任公，又号饮冰室主人、饮冰子、哀时客、中国之新民、自由斋主人。清末民初呼风唤雨的思想家、政治家、史学家、文学家、宣传家。8岁学文，9岁能缀千言。17岁中举。师从康有为。曾协助康有为联合各省举人发动“公车上书”运动，其后领导北京和上海的强学会，又与黄遵宪一起办《时务报》。陈宝箴主政湖南期间，受聘担任长沙时务学堂主讲，并著《变法通议》，号召中国变法图强。继而跟康有为、谭嗣同等人一起，发起戊戌维新运动，对风雨飘摇的中国社会造成巨大影响。跟康有为合称“康梁”，是变法运动和变法时代的代名词。北洋政府时期，他曾出任司法部长、财政部部长等职，积极为国效力。因肾病在协和医院做肾切除手术。西医将其好肾切除，病肾保留。为了保护西医声誉，他对此不事声张。不久辞世，年仅56岁。有《饮冰室合集》传世。

谭嗣同（1865—1898）：字复生，号壮飞，湖南浏阳人。中国近代著名政治家、思想家，维新派主将。光绪帝推行变法的主要助手。曾亲自约谈袁世凯，动员其以军力清除保守派领袖慈禧等，因袁世凯告密而失败。在慈禧戊戌政变中，设法营救被囚禁的光绪帝。几天后被杀，年仅33岁。一同被杀的还有林旭、杨深秀、刘光第、杨锐、康广仁，史称“戊戌六君子”。谭嗣同就义后，其夫人李闰（1865—1925，系户部主事李篁仙之女），取“忍死须臾待杜根”之意自号“臾生”。谭嗣同于1897年1月17日，完成《仁学》著述，此系维新派第一部哲学著作。

光绪皇帝（1871—1908）：全名爱新觉罗·载湉（tián），四岁被立为清朝皇帝。年号光绪，史称光绪帝。光绪十五年（1889）名义上亲政，依然受慈禧控制。中日甲午战争中，他反对妥协，极力主战，终因朝廷腐败而战败，他深受打击。光绪二十四年（1898），在维新派支持下，推行“戊戌变法”。企图借助袁世凯军力，遏制保守派势力，顺利推进变法。但因袁世凯告密，慈禧第二天即发动政变，将仅历103天的变法运动彻底扼杀。他被慈禧太后幽禁于中南海瀛台长达十年，慈禧临终前一天，将他毒死于瀛台。

袁世凯（1859—1916）：字慰亭（又作慰廷），号容庵、洗心亭主人。河南项城人，人称袁项城、慰帅。中国近代史上著名政治家、军事家，北洋军阀领袖。辛亥革命后逼清帝溥仪退位有功，成为中华民国临时大总统。1914 年颁布《中华民国约法》，1915 年 12 月宣布登基为皇帝，改国号为中华帝国，建元洪宪，史称“洪宪帝制”。因遭到全国舆论反对并引发兵变，83 天后宣布取消帝制。1916 年 6 月 6 日因尿毒症病故。光绪皇帝曾希望借助其军力推进变法，他给保守派大臣荣禄告密，引发慈禧发动戊戌政变。

主课文

谭君字复生，又号壮飞，湖南浏阳县人。少倜傥[1]有大志，淹通群籍[2]，能文章，好任侠，善剑术。父继洵，官湖北巡抚。幼丧母，为父妾所虐，备极孤孽苦[3]，故操心危，虑患深，而德慧术智日增长焉。弱冠[4]从军新疆，游巡抚刘公锦棠幕府。刘大奇其才，将荐之于朝；会刘以养亲[5]去官，不果。自是十年，来往于直隶、新疆、甘肃、陕西、河南、湖南、湖北、江苏、安徽、浙江、台湾各省，察视风土，物色豪杰。然终以巡抚君[6]拘谨，不许远游，未能尽其四方之志也。

自甲午战事后，益发愤提倡新学，首在浏阳设一学会，集同志讲求磨砺，实为湖南全省新学之起点焉。时南海先生[7]方倡强学会于北京及上海，天下志士，走集应和之。君乃自湖南溯江下上海，游京师，将以谒先生。而先生适归广东，不获见。余方在京师强学会任记纂[8]之役，始与君相见，语以南海讲学之宗旨，经世之条理，则感动大喜跃，自称私淑弟子，自是学识更日益进。时和议[9]初定，人人怀国耻，士气稍振起。君则激昂慷慨，大声疾呼。海内有志之士，睹其丰采，闻其言论，知其为非常人矣。以父命就官为候补知府，需次金陵[10]者一年，闭户养心读书，冥探孔佛之精奥，会通群哲之心法，衍绎南海之宗旨，成《仁学》一书。又时时至上海与同志商量学术，讨论天下事，未尝与俗吏一相接。君常自谓“作吏一年，无异入山”。

时陈公宝箴为湖南巡抚，其子三立辅之，慨然以湖南开化为己任。丁酉六月，黄君遵宪适拜湖南按察使之命[11]。八月，徐君仁铸又来督湘学。湖南绅士某某（此处省略九字，当系不便公开姓名）等蹈厉奋发，提倡桑梓[12]，志士渐集于湘楚。陈公父子与前任学政江君标，乃谋大集豪杰于湖南，并力经营，为诸省之倡。于是聘余及某某（此处省略六字）等为学堂教习，召某某（此处省略三字）归练兵。而君亦为陈公所敦促，即弃官归，安置眷属于其浏阳之乡，而独留长沙，与群志士办新政。

于是湖南倡办之事，若内河小轮船也，商办矿务也，湘粤铁路也，时务学堂也，武备学堂也，保卫局也，南学会也，皆君所倡论擘画[13]者，而以南学会最为盛业。设会之意，将合南部诸省志士，联为一气，相与讲爱国之理，求救亡之法，而先从湖南一省办起，盖实兼学会与地方议会之规模焉。地方有事，公议而行，此议会之意也；每七日大集众而讲学，演说万国大势及政学原理，此学会之意也。于时君实为学长，任演说之事。每会集者千数百人，君慷慨论天下事，闻者无不感动。故湖南全省风气大开，君之功居多。

今年四月，定国是之诏既下，君以学士徐公致靖荐被征[14]。适大病不能行，至七月乃扶病入觐，奏对称旨。皇上超擢四品卿衔军机章京[15]，与杨锐、林旭、刘光第同参预新政，时号为“军机四卿”。参预新政者，犹唐宋之参知政事[16]，实宰相之职也。皇上欲大用康先生，而上畏西后，不敢行其志。数月以来，皇上有所询问，则令总理衙门传旨，先生有所陈奏，则著之于所进呈书之中而已。自四卿入军机，然后皇上与康先生之意始能少通，锐意欲行大改革矣。而西后及贼臣忌益甚，未及十日，而变已起。

君之始入京也，与言皇上无权。西后阻挠之事，君不之信。及七月二十七日，皇上欲开懋勤殿设顾问官，命君拟旨，先遣内侍持历朝圣训授君，传上言康熙、乾隆、咸丰三朝有开懋勤殿故事，令查出引入上谕中，盖将以二十八日亲往颐和园请命西后云。君退朝，乃告同人曰：“今而知皇上之真无权矣。”

至二十八日，京朝人人咸知懋勤殿之事，以为今日谕旨将下，而卒不下，于是益知西后与帝之不相容矣。

二十九日，皇上召见杨锐，遂赐衣带诏，有“朕位几不保，命康与四卿及同志速设法筹救”之诏。君与康先生捧诏恸哭，而皇上手无寸柄，无所为计。时诸将之中，惟袁世凯久使朝鲜，讲中外之故，力主变法。君密奏请皇上结以恩遇，冀缓急或可救助，词极激切。八月初一日，上召见袁世凯，特赏侍郎。初二日复召见。

初三日夕，君径造袁所寓之法华寺，直诘袁曰："君谓皇上何如人也？"袁曰："旷代之圣主也。"君曰："天津阅兵之阴谋，君知之乎？"袁曰："然，固有所闻。"君乃直出密诏示之曰："今日可以救我圣主者，惟在足下，足下欲救则救之。"又以手自抚其颈曰："苟不欲救，请至颐和园首仆而杀仆，可以得富贵也。"

袁正色厉声曰："君以袁某为何如人哉？圣主乃吾辈所共事之主，仆与足下同受非常之遇，救护之责，非独足下。若有所教，仆固愿闻也。"

君曰："荣禄密谋，全在天津阅兵之举，足下及董、聂三军，皆受荣所节制，将挟兵力以行大事。虽然，董、聂不足道也，天下健者惟有足下。若变起，足下以一军敌彼二军，保护圣主，复大权，清君侧，肃宫廷，指挥若定，不世之业也。"

袁曰："若皇上于阅兵时疾驰入仆营，传号令以诛奸贼，则仆必能从诸君子之后，竭死力以补救。"

君曰："荣禄遇足下素厚，足下何以待之？"

袁笑而不言。

袁幕府某曰："荣贼并非推心待慰帅[17]者。昔某公欲增慰帅兵，荣曰：'汉人未可假大兵权。'盖向来不过笼络耳。即如前年胡景桂参劾慰帅一事，故乃荣之私人，荣遣其劾帅而已查办，昭雪之以市恩；既而胡即放宁夏知府，旋升宁夏道。此乃荣贼心计险极巧极之处，慰帅岂不知之？"

君乃曰："荣禄固操莽之才，绝世之雄，待之恐不易易。"

袁怒目视曰："若皇上在仆营，则诛荣禄如杀一狗耳。"因相与言救上之条理甚详。

袁曰："今营中枪弹火药皆在荣贼之手，而营哨各官亦多属旧人。事急矣！既定策，则仆须急归营，更选将官，而设法备贮弹药则可也。"

乃丁宁而去，时八月初三夜漏三下矣。至初五日，袁复召见，闻亦奉有密诏云。

至初六日变遂发。时余方访君寓，对坐榻上，有所擘划，而抄捕南海馆（康先生所居也）之报忽至，旋闻垂帘之谕。君从容语余曰："昔欲救皇上既无可救，今欲救先生亦无可救，吾已无事可办，惟待死期耳。虽然，天下事知其不可而为之，足下试入日本使馆，谒伊藤氏，请致电上海领事而救先生焉。"

余是夕宿日本使馆。君竟日不出门，以待捕者。捕者既不至，则于其明日入日本使馆与余相见，劝东游，且携所著书及诗文辞稿本数册、家书一箧托焉。曰："不有行者，无以图将来；不有死者，无以酬圣主。今南海之生死未可卜，程婴、杵臼[18]，月照、西乡[19]，吾与足下分任之。"遂相与一抱而别。

初七、八、九三日，君复与侠士谋救皇上，事卒不成。初十日遂被逮。被逮之前一日，日本志士数辈苦劝君东游，君不听。再四强之，君曰："各国变法，无不从流血而成。今中国未闻有因变法而流血者，此国之所以不昌也。有之，请自嗣同始！"卒不去，故及于难。

君既系狱，题一诗于狱壁曰："望门投宿思张俭，忍死须臾待杜根[20]。我自横刀向天笑，去留肝胆两昆仑。"盖念南海也。以八月十三日斩于市，春秋三十有三。就义之日，观者万人，君慷慨神气不少变。时军机大臣刚毅监斩，君呼刚前曰："吾有一言。"刚去不听，乃从容就戮。呜呼，烈矣！

（选自《戊戌政变记》）

注释

[1] 倜傥（tì tǎng）：洒脱，奔放。

[2] 淹通群籍：博览群书，学问渊博。淹，广。籍，典籍，古书。

[3] 备极孤孽苦：深受孤儿孽子之苦。备极，形容受苦程度深，范围广。孽子，庶子，非正妻所生之子，容易受到嫡母（父亲正妻）虐待。今谭嗣同本系嫡母所生，因嫡母早逝，受父小妾虐待，形同孽子也。

[4] 弱冠：古代男子20岁行冠礼，标志已经成人。

[5] 养亲：奉养父母。

[6] 巡抚君：指谭嗣同父亲湖北巡抚谭继洵。

[7] 南海先生：康有为先生。康有为系广东省南海县人，人称康南海。古人有根据地望称贤人的习惯。

[8] 记纂：记录编辑。

[9] 和议：指甲午战争失败后，中国被迫与日本签订丧权辱国的《马关条约》。

［10］次金陵：留居于金陵（今江苏省南京市）。

［11］拜湖南按察使之命：拜领湖南按察使职位的任命，正式担任该职。

［12］桑梓：家乡。

［13］擘画：筹划。

［14］以学士徐公致靖荐被征：由学士（官衔）徐致靖推荐，被朝廷招任为官员。徐致靖（1844—1917），江苏宜兴人，清末维新派领袖。

［15］擢（zhuó）四品卿衔军机章京：提拔为四品职衔的军机处章京。擢，提拔。军机处是清朝官署名，也称“军机房”“总理处”，系由皇帝直接领导的中枢权力机关。章京系官名。

［16］参知政事：唐代参知政事系宰相，宋代参知政事系副宰相。

［17］慰帅：袁世凯，字慰亭，又统率军队，人称慰帅。

［18］程婴、杵臼：二人都是春秋时期晋国志士，《赵氏孤儿》故事主角。

［19］月照、西乡：二人都是日本明治维新时期志士。

［20］望门投宿思张俭，忍死须臾待杜根：张俭、杜根都是东汉时期朝廷命官。张俭因揭发朝中权贵而遭报复，被通缉，逃亡途中投宿时，人们克服恐惧，欣然接纳，敬仰其名节也。杜根因要求垂帘听政的邓太后还政于皇帝，太后命人在大殿将其打死，执刑者敬其名节，手下留情未打死。邓太后死后，他重新回朝廷任官。谭嗣同临终前，以他们行天道、反强权的高

贵品格激励自己。

参考译文

谭君字复生，又号壮飞，湖南浏阳县人。从小才情奔放，胸怀大志，博览群书，深通义理，擅长写作，好任侠，善剑术。其父谭继洵，担任湖北巡抚。幼时丧母，被父亲小妾虐待，受尽屈辱，所以心思敏感，虑患深远，而德慧术智因此增长尤快。20岁从军新疆，在巡抚刘锦棠幕府任职。刘锦棠惊为奇才，决定向朝廷举荐；不巧刘锦棠为了奉养父母辞官返乡，举荐未成。此后十年，谭嗣同来往于直隶、新疆、甘肃、陕西、河南、湖南、湖北、江苏、安徽、浙江、台湾各省，考察风土人情，寻访豪杰贤达。然而，由于受到其父亲干预约束，不许长期远游，未能满足踏遍天下之志。

自甲午战争之后，谭嗣同更加决绝地提倡新学，率先在浏阳创建一个学会，召集志同道合者探求新学，磨砺思想，此乃湖南全省新学之起点。那时康有为先生正在北京及上海创建强学会，天下志士，奔走相告，齐声响应。谭嗣同乃从湖南入长江赴上海，游京师，想拜谒康先生。而康先生正好那时返回广东老家，未能会面。我正在京师强学会负责文笔之事，得以见到谭君。我向他介绍康先生讲学的宗旨、救世的方法，谭君大受感动，欢呼雀跃，自称是康先生私淑弟子。从此谭君学识思想迅速发展。当时《马关条约》初定，人人怀国耻，士气略微振奋。谭君则激昂慷慨，大声疾呼。海内有志之士，睹其丰采，闻其言论，认定他是杰出人物。

由于其父亲的安排，他进入体制成为候补知府，必须在南京住一年。他闭户养心读书，全心探究儒学佛学之精奥，融汇各路学说之心法，发挥康先生之宗旨，写成《仁学》一书。他还常常到上海与同道商量学术，讨论天下局势，而不跟俗吏交往。谭君常说自己“作吏一年，犹如隐居深山”。

那时陈宝箴担任湖南巡抚，其子陈三立全力辅助，慨然以推行新法、改造湖南为己任。丁酉年六月，黄遵宪被任命为湖南按察使。八月，徐仁铸又担任湖南督学。湖南绅士某某（此处省略九字，当系不便公开姓名）等奋发图强，在家乡提倡新学，各路志士一时会聚于湘楚。陈宝箴父子与前任学政江标，乃谋划在湖南集结一批豪杰，共同努力，用新法改造湖南，成为全国的表率。于是陈宝箴延聘我和某某（此处省略六字）等担任时务学堂教习，延聘某某（此处省略三字）回湘组织新军。谭嗣同也受到陈宝箴邀请，马上弃官回湘，把家眷安置浏阳县老家，独自来长沙就职，跟诸多仁人志士一起努力，共同推行新政。

当时湖南推行新政的各项内容，诸如内河小轮船、商办矿务、湘粤铁路、时务学堂、武备学堂、保卫局、南学会等，都是谭嗣同谋划倡导的，其中，南学会发展最为繁荣。创建南学会的意旨，是将南部诸省的豪杰志士，联合为一个整体，共同讲探究爱国之理、救亡之法，先在湖南一省做试验，南学会实际上兼具学会与地方议会的双重性质。地方有事，大家讨论，依决议而行，这就体现了议会的性质；每七日举行一次聚众讲学，演说万国大势及政学原理，这就体现了学会的性质。当时谭嗣同实为学会负责人，担任演说主讲。每次讲学，聚集千数百人，谭君慷慨激昂，纵论天下，听众无不感动。所以，湖南全省风气大开，谭君之功居多。

今年四月，皇上（光绪帝）颁布定国是诏，君因学士徐致靖举荐，被皇上征召。赶上他生病不能立即前往，到七月才抱病入京觐见，奏对时，言辞见解符合皇上心意。皇上破格提拔他担任四品卿衔军机章京，与杨锐、林旭、刘光第同参与新政，当时号为军机四卿。参与新政，犹如唐宋时期之参知政事，实际上是副宰相的职位。皇上想给康先生委以重任，可是担心引起慈禧太后不满，不敢颁诏任命。数月以来，皇上有所询问，都是通过总理衙门传旨，先生有所陈奏，则写在所进呈的书上。自谭君等四卿入军机之后，皇上与康先生之间才方便沟通，皇上于是决意进行大规模改革。而西后及一些贼臣，对此更加忌恨，未及十日，发生变故。

谭君刚入京时，听说皇上无权，西后干扰阻挠之事，不敢相信。及七月二十七日，皇上想开懋勤殿设顾问官，命他拟旨，先派内侍拿出历朝圣训给他，告诉他说，皇上讲康熙、乾隆、咸丰三朝，都有开懋勤殿先例，你找出来引述到诏书中，皇上明天将持诏书亲自往颐和园请示西太后。谭君退朝，乃对同人说："现在终于知道，皇上真无权啊。"

二十八日，朝廷人人都知懋勤殿之事，以为今日谕旨将下，最终未下，于是大家更知西后与皇上不相容。

二十九日，皇上单独召见杨锐，赐给衣带诏，有“朕位几不保，命康与四卿及同志速设法筹救”之诏，谭君与康先生捧诏恸哭。皇上手无寸柄，无计可施。那时军中诸将领，只有袁世凯因为久驻朝鲜，明白中外局势，力主变法。谭君密奏请皇上，对袁世凯结以恩遇，以期出现紧急情况或可救助，奏章言辞极为激切。八月初一，皇上召见袁世凯，特赏侍郎。初二日再次召见。

初三晚上，谭君直奔袁世凯所住的法华寺，直截了当问他：“您说皇上是什么样的人？”袁说：“旷代之圣主也。”谭君说：“天津阅兵之阴谋，您知道吗？”袁说：“是的，我确实有所闻。”

谭君乃拿出密诏给他看，对他说：“今日可以救我圣主者，只有足下，足下愿救则救之。”又用手摸着自己的脖子说：“若不想救，请到颐和园告发我并杀我，您可以得富贵了。”

袁正色厉声曰：“您认为我袁某是什么人？圣主乃吾辈所共事之主，我与足下同受非常之遇，救护之责，非独足下。若有所教，仆固愿闻也。”

谭君说：“荣禄密谋，全在天津阅兵之举，足下及董、聂三军，皆受荣所节制，将挟三军以行大事。然而董、聂不足道也，天下豪杰只有足下。如果政变发生，足下以一军对付他们二军，保护圣主，复大权，清君侧，肃宫廷，指挥若定，一辈子难以成就的功业啊。”

袁说：“若皇上在阅兵时，迅速奔赴我的军营，传令诛杀奸贼，则我必能追随诸豪杰之后，誓死扑灭政变，挽救大局。”

谭君说：“荣禄对待足下向来有恩，足下如何对待？”袁笑而不言。

袁幕府某说：“荣贼并非推心待慰帅也。以前某公想扩充慰帅军队，荣禄说：‘汉人不能授予太大的兵权。’他向来不过是笼络慰帅而已。比如前年，胡景桂参劾慰帅，胡景桂就是荣禄的心腹，荣禄特意派他查办慰帅，然后自己出面昭雪以市恩；不久胡景桂就官拜宁夏知府，马上又晋升宁夏道。这正是荣贼心计幽深、险极巧极之处，慰帅能不心中有数吗？”

谭君乃说：“荣禄乃系曹操、王莽之才，绝世之雄，对付他恐怕不那么容易。”

袁怒目而视，说：“若皇上来到我军营下旨，则杀荣禄就像杀一条狗而已。“

于是谭君与袁世凯仔细商量救皇上的措施。袁说：“目前军营中的枪弹火药，都掌握在荣贼之手，而营哨各官亦多属旧人。事态紧急！计策既定，则我必须赶紧回营，安排将官，设法准备弹药。”二人乃相互叮咛而分手。此时八月初三夜漏三下。至初五日，袁世凯再一次受到皇上召见，听说也奉有密诏。

至初六日，政变真的发生。当时我正来谭君寓所拜访，对坐榻上，有所谋划，而抄家康先生居所，逮捕康先生的消息传过来，接着听说有恢复垂帘听政的圣谕。谭君从容对我说：“以前想救皇上，无法可救，现在想救康先生，也无法可救。吾已无事可做，只有等死了。虽然如此，天下事知其不可而为之，希望足下试着去日本使馆，拜谒伊藤博文先生，请他电令上海领事救康先生。”

我这夜住在日本使馆。谭君竟足不出户，等待被捕。捕者迟迟没来，谭君于第二天来日本使馆跟我见面，劝我东渡日本。他带来自己的书稿和诗文辞稿数册、家书一箧，托付给我。谭君说：“没有逃生的人，就没有办法图谋将来；没有就义的人，就没有办法报圣主。现在康先生生死未卜，程婴、杵臼，月照、西乡，我与足下各任其责。”我们拥抱作别。

初七、八、九三天，谭君再一次跟侠士谋划如何救皇上，事终不成。初十日被捕。被捕前一日，日本志士好几批人，登门苦劝他东渡日本，以图将来，谭君不听。再三再四勉强他，他说：“各国变法，没有不从流血开始的。如今在中国没有听说有因变法而流血的人，这就是为什么国家不昌盛的原因。如果有，请从嗣同开始吧！”最后依然没有离开，所以被捕就义。

谭君入狱，在狱壁上题了一首诗：“望门投宿思张俭，忍死须臾待杜根。我自横刀向天笑，去留肝胆两昆仑。”这是思念康先生啊。八月十三日，谭君被斩于灯市口，当时只有 33 岁。就义之日，有上万人观看，他慷慨的神气没有一点改变。军机大臣刚毅监斩，谭君喊他过来，说：“我有一言……”刚毅走开不听。谭君从容就戮。唉，真是忠烈啊！

赏析与写作指导

变法主将与旗帜

谭嗣同30多岁的壮烈人生，写一本30万字的传记也难于面面俱到。可是梁启超却用4000字（本课删除了1000多字）写完了这篇《谭嗣同传》。盖因他严格剪裁，只取与戊戌变法和戊戌政变有关的内容。

戊戌变法发生在1898年，康有为是变法运动的思想导师和精神领袖，梁启超是旗手兼吹鼓手，光绪皇帝是领袖，谭嗣同是主将。康广仁等人则是干将，徐致靖是官场内应。

本文介绍了变法主将谭嗣同的成长经历、思想追求、时代洞见、政治担当，对于他变法失败之后决意以身殉国的行为，叙述尤详，凸显了一代变法伟人生为变法生、死为变法死、当生即生、当死即死的崇高境界。

谭嗣同殉国之后，他在戊戌变法运动中的角色，发生了微妙的变化，他由变法的主将变成了变法的旗帜。当变法未流血时，变法表现为思想运动，梁启超以一系列振聋发聩、激情澎湃的文章，成为变法旗帜。当变法表现为政治行动，而且遭遇挫折、需要流血时，谭嗣同以其果敢行为和一颗圣人头，成了变法旗帜。他不只是百日维新运动的旗帜，而且在绵延不绝的历史跨度中，成为救国于深渊、解民于倒悬的旗帜。

“各国变法，无不从流血而成。今中国未闻有因变法而流血者，此国之所以不昌也。有之，请自嗣同始！”这几句壮烈语言，这种勇于担当、勇于牺牲的精神，必将跟民族历史一起永生永寿。

谭嗣同在华夏走投无路时，曾经提出，中国只保留 18 行省，其他地区都卖给外国人，换一点银子，启动中国的工业化进程。这对爱国英雄谭嗣同来说，是多么痛彻心扉的无奈思路。经过孙中山、毛泽东几代人的牺牲和奋斗，中国大致保持了固有江山，今日已经雄起于东方，成为一个蒸蒸日上、繁荣富强的伟大国家，足可以告慰以身殉国的大雄大圣谭嗣同。

要是有一个人，理解而且敬仰谭嗣同的贡献，写一篇深情的祭文，选一个风和日丽的日子，向他鞠躬致祭，告慰英灵，那该多好啊。

延伸知识

变法腰斩乃自杀

戊戌变法，发生在戊戌年间（1898），是一场朝野合作推进的政治改革运动，旨在富国强兵，抵御外国殖民侵略。

戊戌政变，是一场腰斩变法运动的宫廷内部政变。以慈禧太后为首的守旧派势力，一举消灭以光绪帝为首的改良派势力，持续仅百日的变法运动在流血之后突然终止。政变中他们囚禁了光绪皇帝（直到十年后被毒死），屠杀了六君子，通缉逮捕 22 位变法人士（包括徐致靖、陈宝箴、陈三立、张元济、文廷式、熊希龄、黄遵宪、康有为、梁启超、端方等）。保守派重掌朝纲，新法尽废，陋习尽复。连武举弓刀石考试都恢复了。变法领袖光绪帝被囚禁于瀛台，而以慈禧太后为首的守旧派势力重新掌权。

政变之后，维新变法的思想主张，没有熄灭，而是往深处迅速发展。康有为、梁启超、谭嗣同的变法思路，是在清政权框架中进行社会政治改良。它若成功，不但国家可以形成凝聚力，可能较快实现富强，摆脱殖民国家的控制与掠夺，而且皇室可以继续享有大中华统治权。日本、英国、荷兰等国皇室，不都在近代革命中保留下来，永享特权吗？中国早在以商代夏、以周代商的革命中，一直都非常温和，一律保留前朝宗庙。正因为这样，具有政治远见的封建权贵代理人光绪皇帝，才愿意推进变法。

慈禧太后所代表的缺乏远见的保守势力，断然腰斩变法，杀戮六君子，其动机是保留皇族权贵利益不受损害，实际上是自毁前程的自杀行为。

六君子的鲜血，被历史演化为四个血淋淋的大字：此路不通。

副课文

神奇搬运术

戏术（魔术）皆手法捷耳。然亦实有搬运术。忆小时在外祖雪峰先生家，一术士置杯酒于案，举掌扪之，杯陷入案中，口与案平，然扪案下，不见杯底。少选取出，案如故。此或障目法也。

又举鱼脍一巨碗，抛掷空中不见，令其取回，则曰：“不能矣。在书室画厨夹屉中，公等自取耳。”时以宾从杂沓，书室多古器，已严扃(jiōng，锁住)。且夹屉高仅二寸，碗高三四寸许，断不可入。疑其妄，姑呼钥启视，则碗置案上，换贮佛手五。原贮佛手之盘，乃换贮鱼脍，藏夹屉中。是非搬运术乎？理所必无，事所或有，类如此。然实亦理之所有。

狐怪山魈（xiāo，鬼），盗取人物，不为异；能劾（hé）禁狐怪山魈者，亦不为异；既能劾禁，即可以役使；既能盗取人物，即可以代人取物，夫又何异焉。

——〔清〕纪晓岚《阅微草堂笔记·滦阳消夏录一》

思考与训练

请结合从戊戌变法失败直到今天的中国历史，探讨以下梁启超的观点是否正确。为什么？

梁启超在《变法通议·论不变法之害》中说："变亦变，不变亦变。变而变者，变之权操诸己，可以保国，可以保种，可以保教；不变而变者，变之权让诸人，束缚之，驰骤之。呜呼，则非吾之所敢言矣！"

子部

第十六课 和氏之璧

〔战国〕韩非

题解

卞和身怀大宝而遭诬陷、受重刑，韩非子用这个故事来比喻他的强国之法，可能给他带来杀身之祸。韩非子虽为韩国公子，但他的法术(法学家说)不被韩国朝廷所用，他乃顺应天下统一的潮流，以其富国强兵大法奉献秦王，希望秦国增强国力早日统一中国。可是他受到诽谤和猜疑，被秦王杀害。他的担心成为现实。

人物故事

韩非（前281—前233）：韩国公子，战国末期重要哲学家、思想家、政论家和散文家，法家思想集大成者。后世称“韩子”或“韩非子”。曾与李斯共同师从荀子。秦始皇读其文章，震撼不已，云若能得见此人，死而无憾。后去秦国游说，秦始皇想聘为客卿，受李斯等人诽谤与猜疑，被屠戮。

主课文

楚人和氏[1]得玉璞[2]楚山[3]中，奉[4]而献之厉王。

厉王使玉人[5]相之。玉人曰："石也。"王以和为诳[6]，而刖其左足。

及厉王薨，武王即位。和又奉其璞而献之武王。武王使玉人相之。又曰："石也。"王又以和为诳，而刖[7]其右足。

武王薨[8]，文王即位。和乃抱其璞而哭于楚山之下，三日三夜，泪尽而继之以血。

王闻之，使人问其故，曰："天下之刖者多矣，子奚哭之悲也？"和曰："吾非悲刖也，悲夫宝玉而题之以石[9]，贞士[10]而名之以诳，此吾所以悲也。"王乃使玉人理其璞，而得宝焉，遂命曰："和氏之璧。"

夫珠玉，人主之所急也。和虽献璞而未美，未为主之害也，然犹两足斩而宝乃论，论宝若此其难也！今人主之于法术也，未必和璧之急也；而禁群臣士民之私邪。然则有道者之不僇[11]也，特帝王之璞未献耳。主用术，则大臣不得擅断，近习[12]不敢卖重；官行法，则浮萌[13]趋于耕农，而游士危于战陈[14]；则法术者乃群臣士民之所祸也。人主非能倍[15]大臣之议，越民萌之诽，独周[16]乎道言也，则法术之士虽至死亡，道必不论矣。

（选自《韩非子·和氏》）

注释

[1] 和氏：卞和。

[2] 璞（pú）：未雕琢过的玉石，外面被石头包藏。

[3] 楚山：即荆山，在今湖北省南漳县。

[4] 奉：恭敬地用手捧着。

[5] 玉人：即玉匠，指从事玉开采、加工、鉴赏等行业的人。

[6] 诳（kuáng）：欺骗。

[7] 刖（yuè）：古代砍脚的酷刑。

[8] 薨（hōng）：君王辞世不曰“死”而曰“薨”。

[9] 题之以石：以石头命名。题，命名。

[10] 贞士：忠诚有节操的人。

[11] 僇（lù）：通“戮”，杀。

[12] 近习：亲近，指君主宠爱亲信的人。

[13] 浮萌：游民。“萌”通“氓”。

[14] 战陈：战阵。“陈”通“阵”。

[15] 倍：通“背”，背叛。

[16] 周：完整，完美。

参考译文

楚国人卞和，在楚山中采得一块玉璞，捧着进献给楚厉王。厉王让玉匠鉴定。玉匠说：“是石头。”厉王以为卞和行骗，砍掉其左脚。

厉王死后，武王继位。卞和又捧着玉璞献给武王。武王让玉匠鉴定，玉匠又说：“是石头。”武王也以为卞和行骗，砍掉其右脚。

武王死后，文王登王位。卞和抱着玉璞在楚山下哭，哭了三天三夜，眼泪已干，流出的是血。

文王得知，派人去了解情况，问者说：“天下受刑断足的人很多，你为何哭得这么伤心？”卞和说：“我不是伤心失去脚，我是伤心把宝玉称作石头，把忠贞者称作骗子。这才是我伤心所在啊。”文王让玉匠打开这块璞石，里面果然是上好的宝玉。于是命名为“和氏璧”。

珍珠宝玉是君主所热心的，即使卞和的玉璞不够完美，也无害于君主，竟然在失去双脚之后，宝玉才得以论定。

如今君主对于治国之法，未必像对和氏璧那样热心，而法术可禁止臣民的自私邪恶行为。法术之士还没被杀戮丢足丧命，只因那些促成帝王大业的玉法宝术还没进献罢了。君主用法术治国，大臣就不能擅权独断，左右近侍就不敢玩弄权势；官府用法术理政，游民就得像驯民那样躬身于田垄，摇舌鼓噪的游说者就得像征夫那样走上战场。所以法术不受臣子、百姓的欢迎，而被他们看作祸害。君主不敢违背大臣的议论，摆脱黎民百姓的诽谤，而完全运用治国之法。那么法术之士即使到死，其治国之法也没机会被认可。

赏析与写作指导

韩非命如和氏璧

韩非子生活于战国末期，那时秦有吞并六国之心，六国惴惴不安，唯求自保。富国强兵是各国君王的头等大事。韩非子洞悉强国奥秘，君王用之必可称霸。可他的法术为什么不可以用来拯救自己的韩国呢?

君王固然想厉行改革谋求富国强兵，可是大臣贵族只想在现有体制下不断扩张私利，黎民百姓只想过太平日子，他们的目标跟君王的理想形成矛盾。在君王与大臣贵族和黎民百姓的复杂政治博弈中，韩非子的强国之法很可能无用武之地，即使暂时被君王所重，也可能跟吴起、商鞅那样招来杀身之祸。

卞和的悲剧在于楚王不识货，还把他看作骗子。韩非子像卞和一样身怀绝世之宝即救国大法，可是也可能因为国人不识货，而把他看作弄权者。全文都在通过卞和与改革家的境遇、命运的类比，描述改革之难和政治生态的险恶。

用类比或比喻的方法，提出自己的主张，阐明自己的看法，这是中国古人写文章最常用的方法，本文也不例外。

韩非子多次向韩王进献强国之法，可是韩王置若罔闻，片言不采。秦王嬴政（秦始皇）读到《孤愤》《五蠹》，赞叹道:“嗟乎！寡人得见此人与之游，死不恨矣！”李斯告诉他作者韩非是韩国公子。

秦始皇为了得到韩非，马上派兵攻打韩国。韩王安原本不理睬韩非，此时赶紧派韩非使秦，为国斡旋。韩非知道韩国政坛形格势禁，无可救药，希望在秦国找到用武之地，促进天下兼并、华夏统一。可是李斯、姚贾对秦王说:“韩非身为韩国公子，一定只为韩国着想，而不为秦国着想，这是人之常情啊。秦国用之不放心，如果放他回韩国，则韩国可以强国，给秦国留下后患，不如找个理由诛杀之。”

秦王果然将韩非下狱审讯。李斯赶紧派人给狱中韩非送去毒药，逼他自杀。不久后秦王下令赦免韩非，然而韩非已死。

延伸知识

和氏璧的前世今生

春秋时，楚人卞和，看见有凤凰栖落在楚山（又名荆山，位于今湖北南漳县）的青石板上。俗称“凤凰驻足必宝地”，他苦心寻找，终于发现一块璞玉。

接下来的故事我们都从课文中知道，他为此失去双脚，终于被楚文王认可。为表彰卞和之忠，美玉被命名为“和氏之璧”。

400 余年后，楚威王将和氏璧赐予功勋卓著的相国昭阳。昭阳十分高兴，让众宾客欣赏玉璧，热闹之中和氏璧竟然失踪。

50 余年后，赵国人缪贤在集市上购得一块玉，玉工鉴定为和氏璧。赵惠文王将缪贤的和氏璧据为己有。

秦昭王致信赵王，愿以秦国 15 座城池换取和氏璧。赵王慑于秦国威力，派蔺相如奉璧出使秦国。蔺相如知道秦王送 15 座城池是假，骗取和氏璧是真。经过与秦王斗智斗勇，蔺相如连夜派人把和氏璧送回赵国。此事在《史记·廉颇蔺相如列传》中有详细记载。

前 228 年，秦灭赵，终于得到和氏璧。此后，历史记载中找不到和氏璧的下落。

有人说秦始皇统一中国后，将和氏璧制成了传国玉玺。玉玺上刻文，是秦相李斯以大篆书写的“受命于天，既寿永昌”八字。后来从刘邦到隋唐，玉玺代代相传，成为国家至宝。最后传到五代后唐末帝李从珂手中。936年，后晋石敬瑭攻打洛阳，李从珂和后妃在宫里自焚，玉玺与其他御品一起被烧掉，从此彻底失踪。尽管说得有鼻子有眼，这毕竟只是传说。

有人说，和氏璧也许跟秦始皇一起，埋入秦皇陵了。说不定哪一代考古学家，能从始皇陵中找到。

不管如何，和氏璧的流转迁徙，从一个侧面表现了中国人对玉的崇拜和玉文化的繁盛与持久。

副课文

不择手段

康熙中，献县胡维华，以烧香聚众谋不轨，所居由大城、文安一路行，去京师三百余里；由青县、静海一路行，去天津二百余里。维华谋分兵为二，其一出不意，并程抵京师；其一据天津，掠海舟，利则天津之兵亦壮趋，不利则遁往天津，登舟泛海去。方部署伪官，事已泄。官军擒捕，围而火攻之，髫龀（zī）不遗。

初维华之父雄于赀，喜周（接济）穷乏，亦未为大恶。邻村老儒张月坪有女艳丽，殆称国色，见而心醉。然月坪端方迂执，无与人为妾理，乃延之教读。月坪父母柩在辽东，不得返，恒戚戚。偶言及，即捐金使扶归，且赠以葬地。月坪田内有横尸，其仇也，官以谋杀勘，又为百计申辩得释。

一日月坪妻携女归宁，三子并幼，月坪归家守门户，约数日返。乃阴使其党，夜键户而焚其庐，父子四人并烬。

阳为惊悼，代营丧葬，且时周其妻女，竟依以为命。或有欲聘女者，妻必与谋，辄阴沮（jǔ，阻止）使不就，久之渐露求女为妾意。妻感其惠，欲许之。女初不愿，夜梦其父曰：汝不往，吾终不畅吾志也。女乃受命。岁余生维华，女旋病卒。维华竟覆其宗。

——〔清〕纪晓岚《阅微草堂笔记·滦阳消夏录一》

思考与训练

1.国家的长治久安，仰仗杰出人才，国与国的竞争，尤赖杰出人才。可是历史上许多杰出人才，无论有无机会做出贡献，最后都遭遇悲剧结局，比如吴起、商鞅、白起、廉颇、李牧、韩非、岳飞等，为什么会这样？

____

____

____

2.本文指出：“主用术，则大臣不得擅断，近习不敢卖重；官行法，则浮萌趋于耕农，而游士危于战陈；则法术者乃群臣士民之所祸也。人主非能倍大臣之议，越民萌之诽，独周乎道言也，则法术之士虽至死亡，道必不论矣。”这个解释你认同吗？

____

____

____

第十七课 诉讼

〔明〕方孝孺

题解

本文对《周礼·司寇》中法律条文提出质疑，理由是这条有关先交“束矢”“钧金”再受理诉讼的规定，会给“贫弱者”造成不公。作者认为这不符合周公体恤万民的政治理念，疑为记载有误。

人物故事

方孝孺（1357—1402）：浙江宁海人，字希直，一字希古，号逊志，以“逊志”名其书斋。因其故里旧属缑城里，故称“缑城先生”，也称“正学先生”。明朝大臣、学者、文学家、思想家。燕王朱棣挥师南下时，惠帝讨伐燕王的诏书檄文都由方孝孺撰写。燕王占领京城后，方孝孺拒绝为他撰写即位诏书，朱棣说不写就诛九族，方孝孺说诛十族也不写。他亲族加学生共十族被诛灭，他本人被凌迟处死，时年46岁。有《逊志斋集》等著作传世。

主课文

人之情不能无欲也，故不能无争。争而不能自直[1]也，故不能不赴愬[2]者，非人之所得已也。故君子尽心焉，察之惟恐其不明，处之惟恐不合乎中。民之有欲愬者，惟恐其不至也，安可责之以其所必无，而禁抑使勿言乎?

《周礼·司寇》[3]言，民以财货相讼者，令入束矢[4]，以罪相告者，令入钧金，而后听之，此非周制也。民心贫富不同[5]，而后强弱生焉。强弱相凌，然后狱讼生焉。强不胜而弱胜者十一，弱不胜而强胜者十九。私斗于下而不胜，则愤而愬于上，则凡愬者，多贫弱之，劫于势力而不获自存者也，乌得钧金[6]与束矢乎。

钧金束矢，富强者之所有，而贫弱者之所无也。苟必欲得之，而后听其辞，则富与强者常胜，而贫弱者终困抑而不伸，何由尽民之情，而服人之志乎。以是而听讼，后世暴吏之所为，周之法必不若是也。

孔子之门，盖有以听讼称者，孔子曰:“听讼吾犹人也，必也使无讼乎[7]！”夫听讼而得其情，未为失也。孔子犹且非之[8]，况苛取于民而禁其讼者哉。治天下不能使民无讼，而禁其勿讼，其差甚矣焉。在其为周公之政，吾固知《周礼》非全书[9]也。

（选自《逊志斋集·卷四周礼辨疑》）

注释

［1］自直：自己判断是非曲直。

［2］愬（sù）：同“诉”。

［3］《周礼·司寇（kòu）》:《周礼》是记载周朝制度规定的典籍，司寇是其中第五篇。司寇，掌管司法讼狱的官。

［4］束矢：一束箭。数量说法不一,一般认为是100支，因为一把弓一般准备100支箭。原文云:“以两造禁民讼，入束矢于朝，然后听之，以两剂禁民狱，入钧金。三日，乃致于朝，然后听之。”（译文：用使诉讼双方都到场的办法，以便禁绝诉讼不实之词，先交一束矢给朝廷，然后受理诉讼。通过诉讼双方都携带有关证明材料的办法，以便禁绝人们对于大案的诉讼有不实之辞，先交30斤铜，过三天才让诉讼双方来朝，然后受理诉讼。）

［5］民心贫富不同:“心”字疑有误，但古籍印刷品原文如此。

［6］钧金:30斤黄铜。钧，古代重量单位，合30斤。金，黄铜。

［7］听讼吾犹人也，必也使无讼乎：语出《论语·颜渊》，一般解释为:“审理诉讼案件，我同别人也是一样的。重要的是必须使诉讼的案件根本不发生！”

［8］犹且非之：认为“听讼吾犹人也”还做得不够，还要努力使民“无讼”。

［9］全书：完美无缺的书。

参考译文

人之性情不能没有欲望，因此较量是避免不了的。较量而不能判断是非曲直，因此不能不诉讼，这是不得已的事。所以君子于此非常用心，审察唯恐不明，处置唯恐不公。有诉讼意愿的，唯恐其不来，怎么因为他交不起诉讼所需的物件，而禁止他诉讼呢？

《周礼·司寇》记载，百姓因财货相讼的，先交一束箭，告人犯罪的，先交30斤黄铜，然后受理诉讼。这不符合周代的制度。百姓贫富各异，因之有强有弱。强者欺凌弱者，然后就有了狱讼。强者不胜弱者胜的情况十分之一，弱者不胜强者胜的情况十分之九。私斗输了，就郁郁不平向上级部门告状。凡是告状的人，多是贫者弱者被强者势力胁迫而不能生存的，哪里有30斤黄铜和一束箭呢！

30斤黄铜和一束箭，是富者强者拥有的，贫者弱者哪里有呀。如果一定要交上30斤黄铜或一束箭，然后才能受理的话，那么富者强者常胜，而贫者弱者最终被困被抑冤屈无法伸张，那又从何处去尽心体察民情，而顺服百姓的意愿呢？用这种方式来受理诉讼是后世暴吏的所作所为，周代的法制肯定与此不同。

孔子的门徒，有因审理诉讼案件著称的人，孔子说："审理诉讼案件，我同别人也是一样的，重要的是必须使诉讼的案件根本不要发生！"审理诉讼案件能够了解民情，未必是什么过失。孔子尚且批评"听讼吾犹人也"，何况苛刻地夺取百姓而禁止他们诉讼呢？治理天下想使百姓无讼，而禁止他们诉讼，这两者的差别大了。记载在《周礼》中的周公之政，我因此知道《周礼》不是一本完美无缺的书了。

赏析与写作指导

极为纯粹的公正信念

本文最为打动我的，是作者对于司法制度如此纯粹的想象和对于司法实践必须给底层弱势群体带来公正、方便的如此纯粹的信念。

具体说来，作者方孝孺的纯粹心性，涉及如下几个事物。

一是对政治制度的想象，非常纯粹。他认为政治制度实实在在光照一切生民，惠及一切生民，包括地位最低、贫穷最甚、社会资源最少的底层穷人，也应该在政治制度中获得公正和公平。

二是对圣王政治实践的想象，非常纯粹。他认为圣王实实在在光照一切生民，惠及一切生民。他认为像尧舜禹汤文武周公，都曾经如此纯粹地实践过。所以，他认为周公制定的礼法，绝不会有一丝一毫给底层穷人带来不公和不便的可能性。

三是对司法制度的想象，非常纯粹。他认为司法制度也该让所有人公正、平等地享有。

四是对诉讼实践的想象，非常纯粹。他认为辅佐圣王的贤臣，都应该做出如此纯粹地实践及惠及双方的诉讼实践。所以，他认为历史上的贤臣（大司寇等），在诉讼决狱实践中，决不会有一丝一毫给底层穷人带来不公和不便的可能性。

历史上的政治制度、司法制度、圣王的治国实践、贤臣的司法实践，是不是能够如此纯粹，是问题的一个方面，作者方孝孺认为曾经如此纯粹、应该如此纯粹，这是更为重要的问题的另一个方面。本文证明了方孝孺的政治信念、司法信念、为政实践，都非常纯粹。方孝孺是圣王道统、儒学信念所培养的内心最光明、信念最纯粹的政治家和思想家。

一种政治、一种文化，能够培养出如此光明、如此纯粹的政治家和思想家，说明这种政治、这种文化，具有极其刚健、光明、纯粹的基因和气象。

《周礼·秋官司寇第五·大司寇》规定，诉讼双方必须缴纳“束矢”“钧金”，诉讼才能受理。他认为“此非周制也”，肯定是错误记载。理由呢？“民心贫富不同，而后强弱生焉。强弱相凌，然后狱讼生焉。强不胜而弱胜者十一，弱不胜而强胜者十九。私斗于下而不胜，则愤而愬于上，则凡愬者，多贫弱之，劫于势力而不获自存者也，乌得（缴纳）钧金与束矢乎。”很明确，因为这种规定对底层穷人不利，所以他认为周公决不会制定这样的制度。由此，他判断“周之法必不若是也”，进而判断《周礼》此种记载是错误记载。

方孝孺对《周礼》的质疑对不对？周公是否制定过如《周礼》所记此种制度规定？本编者不想对此进行考究和判断，我只想说，既然方孝孺纯粹如斯，历史上像他一样纯粹、光明、公正的圣王贤臣，一定代不乏人吧？尧舜禹汤、文武周公、伊尹傅说、伯益姜尚，不都是方孝孺赖以建构其政治信念的基本资源吗？方孝孺的纯粹想象与信念，不就是这些基因的展开与呈现吗？

这从一个特定的侧面，表现了中国文化对于公平、公正的纯粹信念与纯粹追求。

延伸知识

方孝孺父亲免民徭役

方孝孺的父亲方克勤，元末为小吏，因其建议不被上司采纳，于是隐居山中。朱元璋建明之后，曾应召担任县里小吏，后因母亲年老而辞官归田。洪武四年（1371）被朝廷征至京师，在吏部考试中名列第二，被任命为济宁知府。

当时天下刚刚安定下来，社会还没从元末战争中恢复元气。朝廷号召庶民垦荒，开荒所产，头三年可免税。地方官求财心切，不等三年就开始征税。垦荒农民说："朝廷不讲信用，我们还有什么希望？"纷纷弃田不种，农田又一次荒废。

方克勤深入民间，跟农民专门订约，承诺不到三年一定不会收税。三年后收税时，也按田地等级税如期，差田收税很少。他颁布政策，不允许地方小吏擅自提前征税。于是农民又回来了，开垦荒地越来越多。

稳住了农民的耕种和温饱之后，方克勤又到乡下各处建立学校，修葺孔庙，大兴教育教化，淳化社会风气，巩固国家认同。

夏天，当地守将要征调劳力修筑城墙。方克勤说："此时农活正忙，如果调他们去筑城墙，农业将会遭受巨大损失，老百姓的日子就会变坏。”他向朝廷中书省打报告，要求暂缓筑城，免民劳役，得到批准。

济宁遭遇久旱，方克勤带领属官举行祈雨仪式，终于大雨及时而至，挽救了所有农作物。济宁人用歌谣表达对方克勤的感激与爱戴。歌谣曰：“孰罢我役？使君之力。孰活我黍？使君之雨。使君勿去，我民父母。”意思是：“谁免我役？知府之力。孰救我黍？知府之雨。知府别走，为民父母。”

方克勤干了三年知府，济宁的人口增加了几倍，整个郡都很富足。他治理农政民政，不追求名声。他说：“追求美名者必定立威，立威就会祸害老百姓利益，我哪忍心于此啊！”

他生活极其俭朴，一件布袍穿了十年也不换新的，一天不会吃两个肉菜。明太祖朱元璋对官吏要求很严，士大夫多被贬谪。那些遭贬谪者路过济宁时，方克勤常常拿自己的薪水接济他们。永嘉侯朱亮祖曾经率军开赴北平，赶上天旱，运河水浅没法行船，军方征调5000役夫，为他们深挖河床。方克勤没法制止他们征调民夫，哭着祈祷天帝雨神。立时大雨倾盆而下，水深数尺，水军顺利北上，役夫及时归田。

了解方克勤的忠诚、正派、恤民等品德，能帮助我们理解方孝孺的心性操行。

副课文

赠梁山舟学士书

一槐先生为梁山舟学士外甥，故所藏学士真迹颇多，余曾乞得一联，兵燹后亦亡之矣。先生言：学士年六旬时，曾以事入都，道出山东，闻论言前驿水阻，因诣中丞满洲某公咨之。中丞一见，即盛言前途水势异涨，不能行。遂留学士居于署之后圃。馆给丰隆，惟出入必经其内寝，殊为不便，因亦键户不出。中丞越三五日必来馆一次，见则言水势之大，吁嗟不已。馆中一无书籍，架上只古帖十余种，俞麋数十丸，缣素数百番而已。学士闲居无事，日以染翰为消遣计。如是者几及匝月，楮墨略尽。一日中丞入见，喜动颜色，曰："水已全退，君可行矣。"遂开筵饮饯。酒半酣，忽顾插架叹曰："吾以公事勤劳，将友朋所諈诿者耽搁许久。"学士乃言日来无事，业代为书尽。中丞佯惊曰："此皆远近名士，慕余之书，辗转交来者；今顺为公墨之，奈何？"促呼僮舁去，更易新楮来。学士大愠，遂别去。既首途，则前路并无水涨事，皆中丞捏词欺之耳。久之，始悟廿余年前在翰苑时，中丞方官笔帖式，以侍纸乞书，学士不应，今乃为是狡狯以报。后学士每言及之，犹有忿色；然某中丞则已琳郎满箧矣。

——〔清〕陈其元《庸闲斋笔记·卷三》

思考与训练

请将下列两段文言文翻译为白话文，并回答相关问题。

“以是而听讼，后世暴吏之所为，周之法必不若是也。”

请解释句中两个“是”字为何意。

“人之情不能无欲也，故不能无争。争而不能自直也，故不能不赴愬者，非人之所得已也。故君子尽心焉，察之惟恐其不明，处之惟恐不合乎中。”

请解释句中“所得已”“明”“中”各为何意。

第十八课 练将书单

〔明〕戚继光

题解

本课讨论军事将领的培养方案，认为重中之重是对理想信念、大德大义的培养。这些才是决定将领格局和高度的关键因素。如何才能培养理想信念和大德大义呢？必须下功夫学好古圣先贤留下的经典著作，他们是：《孝经》《忠经》《论语》《孟子》《春秋》《左传》《资治通鉴》《大学》《中庸》以及《武经七书》和《百将传》。

人物故事

戚继光（1528—1588）：字元敬，号南塘，晚号孟诸，卒谥武毅。山东蓬莱人。明朝抗倭名将，杰出军事统帅、军事家、书法家、诗人、民族英雄，官至右都督、左都督、太子太保。从小喜欢读书，通晓经史。16 岁承祖职任登州卫指挥佥事。18 岁负责登州卫所屯田事务，面对倭寇猖獗，以“封侯非我意，但愿海波平”诗句明志。25 岁，受张居正推荐，任都指挥佥事，管理登州、文登、即墨三营 25 个卫所，防御山东沿海倭寇。后调往浙江抵御倭寇，取得岑港之战、台州之战、福建之战、兴化之战、仙游之战等一系列胜利。隆庆元年（1567），调往蓟镇抵御鞑靼。他严训将士，精修长城，挫败鞑靼所有进攻，无机可乘的鞑靼最后只好归降。戚继光既是杰出军事统帅，又是一位杰出的兵器专家和军事工程家，还是一位杰出的军事学家，是中国历史上少见的军事全才。所著《纪效新书》和《练兵实纪》，是其战争经验总结，也是训练军队的教本，在军事学上有崇高地位，占《四库全书》所录军事著作十分之一。

主课文

今之练将[1]者如何？戚子曰：无分于武弁也，无分于草莱也，无分于生儒也。遴其有志于武者，群督而理之。首教以立身行已，捍其外诱，明其忠义，足以塞于天地之间，而声色货利，足以为人害，以正其心术。其所先读，则《孝经》[2]《忠经》[3]《语》《孟》[4]白文[5]，《武经七书》[6]白文，次第记诵；其所先讲，则《孝经》《忠经》《语》《孟》《武经七书》，毋牵意解，不专句读。每一章务要身体神会。其义庸有诸身乎？其理果得于心乎？拟而研之，研而拟之，由恍惚[7]而得，由得而复恍惚。

俟毕，即读《百将传》[8]，将传中诸将人品心术功业，某何如而胜？某何如而败？孰为奸诈？孰为仁义？孰为纯臣？孰为利夫？孰为烈士？孰为逆臣？某如何而完名全节？某如何而败名丧家？某何以非其罪？某何以为罔生幸免？某能守经，某能应变，逐节比拟，以我身为彼身，以今时为彼时，使我处此地当此事，而何如可。俟其尚志既定，仍复如前，以祸福利害之数，成仁取义之道，须必有定主，不为害挠，不为祸慑，无见于功，无见于罪，常惺惺矣。

然后益之以《春秋》《左传》[9]《资治通鉴》[10]，广其材，又授之《学》《庸》[11]大义，便知心性之源头，源洁流清，悟见鸢鱼，常活泼矣。又如医者之于医，先习药性脉诀医方，而后进之以《岐伯》《难经》《素问》[12]，故得命乎方而不拘乎方，悟于法而不泥于法，于是为纯臣之性，吉士之材矣。然后进之以杂习器伎行伍之务，将之于桴鼓[13]实用之间，则将材成矣。

（选自《练兵实纪·杂集卷一·储练通论上》）

注释

［1］练将：将军队中俊才培养成将领。

［2］《孝经》：儒家十三经之一。

［3］《忠经》：是系统总结忠德的专门经典，东汉学者马融著。反映了两汉时期忠德的主要内容，标志着春秋时期所产生的忠德观念已发展成为较系统、完整的忠德学说。

［4］《语》《孟》：儒家经典《论语》《孟子》的简称。通常合称为“语孟”。

［5］白文：未加注释的原文。

[6]《武经七书》：北宋朝廷颁行的官定兵法丛书，集中了古代中国军事著作的精华。包括《孙子兵法》《吴子兵法》《六韬》《司马法》《三略》《尉缭子》《李卫公问对》七部著名兵书。

[7]恍惚：道家哲学概念，指内心世界一片光明、没有杂念、没有俗尘的澄明状态。《老子·十四章》云："视之不见，名曰夷；听之不闻，名曰希；搏之不得，名曰微。此三者不可致诘，故混而为一。其上不皦，其下不昧。绳绳兮不可名，复归于物。是谓无状之状，无物之象，是谓惚恍。迎之不见其首，随之不见其后。"《老子·二十一》云："道之为物，惟恍惟惚。惚兮恍兮，其中有象；恍兮惚兮，其中有物。"

[8]《百将传》：又称《十七史百将传》《正百将传》，十卷。北宋张预（今河北省东光县人）编写的古代杰出军事将领传记，材料来自17种史书。后世许多军事将领都受到此书的深刻影响。书中介绍了从西周姜太公、春秋孙武、战国孙膑吴起、西汉韩信，直至五代十国刘词共百名军事将领的事迹和贡献。

[9]《春秋》《左传》：儒家经书。

[10]《资治通鉴》：北宋司马光主修的史书。

[11]《学》《庸》：指儒家经典《大学》《中庸》，与《论语》《孟子》一起合称四书，与《诗》《书》《易》《礼》《春秋》五经并称四书五经。

[12]《岐伯》《难经》《素问》：都是古代医书。前者已遗失不传。《素问》与《灵枢》一起合称《黄帝内经》。《难经》又称

《黄帝八十一难经》，是对《黄帝内经》中 81 个疑难问题的探讨与总结。

［13］桴鼓：鼓槌与鼓。此指战鼓，指代战争。

参考译文

如今怎样才能培养出优秀将领？戚子曰：不用区分将领是出身于武士、草民还是儒生，挑选有志于军事的好苗子，严格监督并训练之。

首先教这些好苗子正己立身，拒绝各种诱惑，守忠遵义，挺立于天地之间。去除声色货利之害，以正其心术。安排第一批经典给他学习，《孝经》《忠经》《论语》《孟子》《武经七书》，一本本背诵下来，然后一本本讲解。讲解时不可牵强附会，也不可专心于句读。每一章、每一句都要切身感悟，心领神会。其旨意切中吾身乎？其道理融会吾心乎？揣度而深研，深研而设身处地，因内心光明通透而悟道，因悟道而内心格外光明通透。

等到读完上述基本典籍，即让这些好苗子学习《百将传》，将传中诸将人品、心术、功业，某人为何得胜？某人为何致败？谁奸诈？谁仁义？谁是纯臣？谁是利夫？谁是烈士？谁是逆臣？某人为什么能完名全节？某人为什么败名丧家？某人遭罚何以非其罪？某人阿谀扭曲何以幸免刑罚？某人能守经，某人能应变，这样逐节比拟，以我身为彼身，以今时为彼时，使我设身处地面对此事此情，而能如何处置？等到他志向、趣味、品位定型，仍如上述原则，以祸福利害之数，成仁取义之道，必有选择，不因害而低头，不因祸而恐惧，见功不抢，见责不推，常有光亮明澈心志。

然后增加《春秋》《左传》《资治通鉴》课程，扩大其知识面，又给他们讲授《大学》《中庸》大义，使他们了解心性之源头。源洁流清，悟见鸢飞鱼跃，万物生机勃勃，自由自在。犹如医者之学医，先学药性、脉诀、医方等基础知识，而后以《岐伯》《难经》《素问》等理论著作使之进一步提高，由此，得之于古方而不拘泥于古方，领悟于古法而不泥于古法，这样就能造就纯臣之性、吉士之材。

当这些好苗子，已经用先圣大经造就为纯臣之性、吉士之材，然后让他们进一步学习兵器、操练、阵法等军事知识，把他们放到军队实战环境中经受实践考验，能征善战的将军也就脱颖而出了。

赏析与写作指导

穷尽六经更知武

戚继光官至右都督，系一品大员，位同宰相，堪称统帅。他南灭倭寇，北御鞑靼，身经百战，最懂一个好将领需要什么样的知识、人品、心术、志节。他讨论军事问题和练兵方法的著作《练兵实纪》，涉及如何培养将领的文字甚多。本课就是专门研究将领培训的文字。

一般人可能认为，培养将领主要应该学习阵法、战术。在戚继光看来，学习文化经典、使得将领成为最优秀的民族文化承载者，才是最重要的。一个优秀将领所必须熟读、参透的人文经典，不亚于一个宰相所应该掌握的。所以，一个优秀的军事统帅和将领，必须是民族文化的承载者和践行者。战场上的军事较量，背后是将帅理想、精神、胆识、责任心的较量，归根结底是国与国的文化较量。

本课所列将帅必读书，共有 11 种，其中只有《武经七书》和《百将传》两种能算是军事著作，其他 9 种，即《孝经》《忠经》《大学》《中庸》《论语》《孟子》《春秋》《左传》《资治通鉴》，都是支撑一个国家赖以成立的主要人文经典。它们是任何领域的杰出人士都必须认真学习的公共圣经。跟这些经典所弘扬的春秋大义比起来，战争不过是术而已。如果不重视大本大源的精神文化建设，仅仅执拗于术的精进，那是无法驾驭复杂战争的，更无法成为国家栋梁。

戚继光认为，一个人“明其忠义，足以塞于天地之间”，才能肩负保卫国家、御敌制胜的使命。要仔细研究人类历史，包括战争史，进入“拟而研之，研而拟之，由恍惚而得，由得而复恍惚”的忘我状态，才能成为国家栋梁。

即使是研究《百将传》，也不可将重点放在阵法、战术等小术上，而是应该重点研究其人品和格局，也就是“诸将人品心术功业”，诸如“某何如而胜？某何如而败？孰为奸诈？孰为仁义？孰为纯臣？孰为利夫？孰为烈士？孰为逆臣？某如何而完名全节？某如何而败名丧家？某何以非其罪？某何以为罔生幸免？某能守经，某能应变，逐节比拟，以我身为彼身，以今时为彼时，使我处此地当此事，而何如可”。

参天大树的成长，虽然也必须有其“术业”，但是决定其伟大程度的关键因素，永远不是“术业”，而是精神高度和人品格局。所以，戚继光用来培养将领的，主要是文化资源而不是“术业”资源。记住了这一点，这一课就没白学。

戚继光乃是按照自己的成长道路来设计将帅培养方案的。他就是具有大德大义、肩负国家安危、庶民忧乐的国家栋梁。近人郑观应曾把戚继光的名字列入古今中外最杰出将领名单。他指出：“古之为将者，经文纬武，谋勇双全；能得人，能知人，能爱人，能制人；省天时之机，察地理之要，顺人和之情，详安危之势。凡古今之得失治乱，阵法之变化周密，兵家之虚实奇正，器械之精粗巧拙，无不洞识。如春秋时之孙武、李牧，汉之韩信、马援、班超、诸葛亮，唐之李靖、郭子仪、李光弼，宋之宗泽、岳飞，明之戚继光、俞大猷等诸名将，无不通书史，晓兵法，知地利，精器械，与今之泰西各国讲求将才者无异。”

张预《百将传》，截止时间为五代十国时期。如果接着这个名单往下编选经文纬武的军事大才，戚继光一定会榜上有名的。

延伸知识

《百将传》历代名将名单

《百将传》，北宋张预编撰。收录北宋之前各个时期呼风唤雨、力拔河山的百名杰出武将。百名将领名单如下：

西周：齐太公

春秋：孙武（吴）、范蠡（越）

战国：孙膑（齐）、田穰苴（齐）、吴起（魏）、白起（秦）、王翦（秦）、乐毅（燕）、李牧（赵）、赵奢（赵）、廉颇（赵）、田单（齐）

西汉：张良、韩信、周亚夫、李广、卫青、霍去病、赵充国、陈汤、冯奉世

东汉：邓禹、寇恂、冯异、岑彭、贾复、吴汉、耿弇、耿恭、王霸、臧宫、祭遵、马援、班超、虞诩、皇甫规、张奂、段颎、皇甫嵩、朱儁

三国：张辽（魏）、张郃（魏）、徐晃（魏）、李典（魏）、邓艾（魏）、司马懿（魏）、诸葛亮（蜀）、关羽（蜀）、张飞（蜀）、周瑜（吴）、吕蒙（吴）、陆逊（吴）、陆抗（吴）

晋朝：羊祜、杜预、王濬、马隆、周访、陶侃、谢玄

十六国：慕容恪（燕）、王猛（秦）

南北朝：檀道济（宋）、王镇恶（宋）、韦叡（梁）、王僧辩（梁）、吴明彻（陈）、崔浩（魏）、于谨（魏）、斛律光（齐）、宇文宪（周）、韦孝宽（周）

隋朝：杨素、长孙晟、韩擒虎、贺若弼、史万岁

唐朝：李孝恭、尉迟恭、李靖、李勣、苏定方、薛仁贵、裴行俭、唐休璟、张仁愿、王晙、郭元振、李嗣业、李光弼、郭子仪、李抱真、李晟、李愬、马燧、浑瑊、王忠嗣

五代十国：刘鄩（后梁）、刘词（后周）

副课文

邓世昌抗击日寇

邓世昌，字正卿，广东番禺人。既长，入水师学堂，精测量、驾驶。光绪初，管海东云舰，徼（jiào，巡查）循海口。

二十年夏，日侵朝，绝海道。鸿章令济远、广乙两船赴牙山，遇日舰，先击，广乙受殊伤；轰济远，都司沈寿昌，守备杨建章、黄承勋中炮死。世昌愤欲进兵，汝昌尼其行，不果。

已而日舰集大连湾，窥金州。我国海军乃大发，泊鸭绿江大东沟，以铁舰十当敌舰十有二。汝昌乘定远居中，列诸船左右张两翼。日舰鱼贯进，据上风，汝昌令轰击，距远不能中。日舰小，运棹灵，倏分倏合，弹雨坌（bèn）集。定远被震，大纛仆。世昌见帅旗没，虑军心摇，亟取致远纛竖之。战良久，定远击沉其西京丸，我之超勇（舰名）毁焉。

世昌乘致远，最猛鸷，与日舰吉野浪速相当。吉野，日舰之中坚也。战既酣，致远弹将罄，世昌誓死敌。将士知大势败，阵稍乱。世昌大呼曰：“今日有死而已！然虽死而海军声威弗替

（废），是即所以报国也！”众乃定。

世昌遂鼓轮怒驶，欲猛触吉野与同尽。中其鱼雷，锅船裂沉。世昌身环气圈不没。汝昌及他将见之，令驰救。拒弗上，缩臂出圈，死之。其副游击陈金揆同殉，全船二百五十人无逃者。经远管带总兵林永升、超勇管带参将黄建勋、扬威管带参将林履中，并殒于阵。

——《清史稿·列传二百四十七》

思考与训练

1. 蒙恬、章邯、项羽、彭越、英布、李世民、黄巢等，都是叱咤风云的军事奇才，为什么他们没有入选《百将传》？

2. 百名将帅中，你知道的有几个？请打钩做记号，然后想想自己为什么只知道他们而不知道其他人？

第十九课 非弭兵

〔清〕张之洞

题解

张之洞作为国家栋梁，深知政治的奥秘和西方列强的侵略本质，尤知中国作为受制于人的殖民地（政治上的准确表述是半殖民地），唯有“求诸己”才能实现民族解放与独立，故在《劝学篇》中设专章，批评西方传教士李提摩太、林乐知鼓噪的弭兵论调，针锋相对地提出“苟欲弭兵，莫如练兵”的积极主张。

人物故事

张之洞（1837—1909）：字孝达，号香涛，外号“张香帅”。祖籍直隶南皮，人称张南皮。同治二年（1863）殿试探花（进士第三名）。洋务派主要代表人物之一，与曾国藩、左宗棠、李鸿章并称“晚清中兴四大名臣”。1898年，张之洞发表《劝学篇》，引起新旧两派巨大反响。该文提出“旧学为体、新学为用”，强调教育首先要传授中国传统的经史子集之学（旧学），兼顾西学（新学）有用者，以补旧学不足。后来有人把“旧学为体、新学为用”的主张，修改为“中学为体、西学为用”的口号，一时闻达四海，至今广播书牍。

主课文

兵之于国家，犹气之于人身也。肝藏血而助气，故《内经》以肝为将军之官。人未有无气而能生者，国未有无兵而能存者。

今世智计之士，睹时势之日棘[1]，慨战守之无具，于是创议入西国弭兵会[2]，以冀保东方太平之局，此尤无聊而召侮者也。

向戌弭兵[3]，子罕[4]责其以诬道[5]蔽诸侯，况今之环球诸强国，谁能诬之，谁能蔽之？

奥国之立弭兵会有年矣，始则俄攻土耳其，未几而德攻阿洲，未几而英攻埃及，未几而英攻西藏，未几而法攻马达加斯加，未几而西班牙攻古巴，未几而土耳其攻希腊，未闻奥会中有起而为鲁连子者也。德遂以兵占我胶州矣，俄又以兵占我旅顺矣，廿年以来但闻此国增兵船，彼国筹新饷，争雄争长而未有底止。

我果有兵，弱国惧我，强国亲我，一动与欧则欧胜，与亚则亚胜，如是则耀之可也，弭之亦可也，权在我也。我无兵而望人之弭之，不重为万国笑乎？诵《孝经》以散黄巾[6]，黄巾不听；举驺虞幡[7]以解斗，斗者不止。

苟欲弭兵，莫如练兵。

海有战舰五十艘，陆有精兵三十万，兵日雄，船日多，炮台日固，军械日富，铁路日通，则各国相视而不肯先动，有败约者必出于战，不恤孤注，不求瓦全，如是则东洋助顺，西洋居闲，而东方太平之局成矣。

管子曰：“寝兵[8]之说胜，则险阻不守，全生之说胜，则廉耻不立。”若弭兵之议一倡，则朝野上下，人人皆坐待此会之成，更不复有忧危图治之心、枕戈待敌之事。各省寥寥数军，裁者不复，存者不练，器械朽败，台垒[9]空虚，文酣武嬉，吏贪民困，忠谏不入，贤才不求，言官结舌，人才消沮[10]。诸国见我之昏愚如此、无志如此，于是一举而分裂之，是适以速亡而已。

山行不持兵，而望虎之不咥[11]人，不亦徒劳矣乎？又有笃信公法之说者，谓公法为可恃，其愚亦与此同。夫权力相等则有公法，强弱不侔[12]，法于何有？古来列国相持之世，其说曰力钧角勇，勇钧角智，未闻有法以束之也。

今日五洲各国之交际，小国与大国交不同，西国与中国交又不同，即如进口税主人为政，中国不然也[13]；寓商受本国约束，中国不然也[14]；各国通商只及海口，不入内河，中国不然也。华洋商民相杀，一重一轻，交涉之案，西人会审，各国所无也。不得与于万国公会，奚暇与我讲公法[15]哉？知弭兵之为笑柄，悟公法之为讆[16]言，舍求诸己而何以哉。

（选自《劝学》）

注释

［1］棘：多刺，扎手，比喻事情难办。

［2］弭兵会：弭兵，息兵休战。指欧美社会举行的世界和平大会。1889年，由欧美和平主义者倡导的世界和平大会，在巴黎举行。此后大致每年举行一次。

［3］向戌弭兵：向戌为春秋后期宋国大臣，他曾两次组织晋国、楚国及一些小国，召开弭兵盟会，承诺互不侵略，而且小国要向晋、楚两大国进贡。此种盟约仅在短时间内略有约束力。

［4］子罕：宋国大臣，贤人。

［5］诬道：欺诈之道。

［6］黄巾：指黄巾军。东汉末年张角所领导的农民起义军，因头包黄巾为标记而名黄巾军。

［7］驺虞幡（zōu）：驺虞，古代神话中的仁兽，据传系虎身狮头，白毛黑纹，尾巴很长。其生性仁慈，不忍践踏青草，只吃自然死亡的生物。驺虞幡指绘有仁兽驺虞的旗帜，用以传达收兵息战的命令。

［8］寝兵：寝者，休息也。寝兵即息兵休战。

［9］台垒：炮台堡垒等军事设施。

［10］消沮（jǔ）：沮丧、萎靡不振。

［11］咥（dié）：咬。

［12］侔（móu）：对等、相当。

［13］进口税主人为政，中国不然也：征收进口关税乃国家主权之体现，中国关税征收方法不可由中国决定，必须由外国

列强决定，故有此言。

［14］寓商受本国约束，中国不然也：寓商，来自外国、寓居中国的商人。外国来华商人，本应服从中国法律。但是外国列强通过不平等条约，剥夺了中国管理所有外国入境者的权力，他们享有所谓“治外法权”。

［15］奚暇与我讲公法：奚，疑问代词，相当于“胡”“何”。暇，空余时间。西方列强哪有闲工夫跟我们讲什么公理公法？

［16］譌（wèi）：欺诈也。通“伪”。

参考译文

兵对于国家，就像气对于人的身体。肝脏储藏血液有助于气的运行，所以《内经》认为肝脏的功能相当于军队里的将军。人如果没有气就不能存活，国家如果没有兵也不能存在。

今世出谋划策的人，目睹时势日艰，慨叹战守无方法，于是创议加入西方国家的世界和平大会，希望以此保持东方太平的局面，这尤其无聊而且会招致侮辱。

向戌息兵休战，子罕责备他是以欺诈之道蒙蔽诸侯，何况今世环球诸强国，能蒙谁，能蔽谁呢？

奥匈帝国创立世界和平大会有些年头了，起初俄国攻打土耳其，不久德国攻打非洲，不久英国攻打埃及，不久英国攻打西藏，不久法国攻打马达加斯加，不久西班牙攻打古巴，不久土耳其攻打希腊，没有听说奥国世界和平大会中有人站起来像鲁连子一样为弱者出谋划策的。德国遂用武力占领我胶州，俄国又用武力占领我旅顺。20 年来只听说此国增加兵船，彼国筹措薪饷，争雄争长没有止境。

如果我有兵，弱国害怕我，强国亲近我，一与欧洲结盟则欧洲胜，与亚洲结盟则亚洲胜，这样一来耀武扬威也可以，息兵休战也都可以，权衡在我。我没有兵而希望别人息兵休战，不会被全世界笑话吗？诵读《孝经》以驱散黄巾军，黄巾军不会听的；举着驺虞幡以解除争斗，争斗的人是不会停的。

如果想息兵休战，只有练队强兵才能实现。

海军有战舰 50 艘，陆军有精兵 30 万，军队日益强大，战船日益增多，炮台日益坚固，军械日益富足，铁路日益通畅，这样一来各国相互监视而不肯先行有所动作，有败坏约定的就出兵打击，不惜孤注一掷，拼死搏战，而不求瓦全。东洋由此不敢逆天而为，西洋只敢袖手旁观，东方太平的局面才可能实现。

《管子 · 立政》说：“休兵息战的主张占上风，关隘险阻就难于成为保卫国家的屏障；放纵欲望的念头占上风，礼义廉耻之德操就会丧失。”只要息兵休战的思想得到肯定，那么朝野上下，人人都坐等世界和平大会主持公道，更加不复有忧危图治之心和枕戈待敌的事了。各省不多的军队，裁下来的不再添加，留下来了的也不操练，器械朽坏，炮台堡垒空虚，文官酣醉武官嬉戏，官吏贪婪、人民困顿，忠诚的谏言没人听，贤良的人才没人要，言官瞠目结舌，人才萎靡不振。诸国看到我国如此昏庸愚昧，如此没有志气，于是一下子就能够分裂我国，快速灭亡真是时候。

走山路不携带武器，而指望老虎不咬人，不也是徒劳？又有对公法之说深信不疑的人，他们的愚昧与此相同。权力相等才有公法，强弱不对等，哪来的法律？自古以来列国相持时代，他们主张，实力相等就看谁勇敢，勇气相当就看谁更有智慧，没有听说用法律来进行约束的。

今日五大洲各国之交际，小国与大国交不同，西方国家与中国交又不同，就如进口税各国自己定征收标准，中国却不能自己定；外商要受其所在经商国法律约束，中国法律却不能管束外商。华洋商人在中国打斗，一重一轻，交涉的案子，要西方人会同审理，这种情况是各国都不会有的。不能参与万国公会，哪个有空闲来与我中国讲公法呢？知道息兵休战是个笑柄，明白公法只是欺诈之言，舍弃自己努力就没有别的办法了。

赏析与写作指导

政治清醒与洞察力

“弭兵”就是主张息兵休战，“非”就是对这种主张进行批驳和否定。《墨子》有《非攻》《非儒》，《荀子》有《非相》《非十二子》等，意皆批驳否定也。

1889 年，由欧美和平主义者倡导的世界和平大会，在巴黎举行。此后大致每年举行一次。来华传教士李提摩太（英国人）、林乐知（美国人），在中国大肆宣传“弭兵会”。他们的祖国日日蚕食中国，他们却日日向中国灌输放下武器谋求和平的观念，实际上是为他们的祖国扫清侵略掠夺的障碍。故“知弭兵之为笑柄，悟公法之为僡（wèi）言”。

中国一些维新派人士积极附和西方传教士李提摩太、林乐知的鼓噪，企图借和平主义思潮和国际公法，遏止西方殖民者对中国的侵略与掠夺。

张之洞引用古今中外的历史故事，批驳“弭兵”论调，最后用中国惨遭西方列强宰制掠夺的现实境遇，强调必须丢掉对侵略者的幻想，切实改善装备、刻苦练兵、强军强国，才能有效捍卫国家主权。

文章回肠荡气，爱国情怀溢于言表，强国梦想蕴于纸背。作为朝廷重臣，眼看着国家被西方列强日日蚕食、时时掠夺，其痛切之心，非常人可比。

此文最宝贵的是清醒，对殖民强盗不抱任何幻想，跟今日中国某些卑躬屈膝者比起来，很有洞察力。

延伸知识

张之洞的强国梦

张之洞那一代重臣，深知要想摆脱列强侵凌，必须发展工业，富国强兵，所以他们积极推进中国的洋务运动，努力引进西方技术，开矿办厂，造洋枪洋炮，修铁路轮船。晚清中兴四大重臣，都是洋务运动最卖力的实践者。

张之洞长期担任湖广总督，驻足武汉，利用其权力和影响力，兴实业、办新学、练新军、应商战、劝农桑、新城市。兴办实业，尤其卖力。先后创办了汉阳铁厂、湖北枪炮厂、大冶铁矿、汉阳铁厂机器厂、钢轨厂、湖北织布局、缫丝局、纺纱局、制麻局、制革厂等一批近代企业，资本总额约1130万两白银。汉阳铁厂成为当时亚洲最大的钢铁联合企业。他还督办卢汉铁路（卢沟桥—武汉，即京汉路），把武汉打造为交通枢纽。武汉成为当时中国最大的工业中心。

但是，由于中国的政治制度、行政机制、文化理念等因素的制约，加上西方列强千方百计遏制中国的工业化起步，洋务运动实行几十年之后惨遭失败，西方列强对中国的控制和掠夺，越来越严重。中国人越努力，帝国主义对中国的殖民控制越加深。直到新中国成立之前，中国的所谓工厂，只不过能够造点火柴、面粉、雪花膏，能生产劣等电灯泡的，已经是先进工厂了。中国工业化的真正起步，是在中华人民共和国成立之后。今日中国已经是世界头号制造业大国。

抚今追昔，我们既要感谢几代中华人民共和国公民和领袖的贡献，也要追思张之洞那一代失败的尝试与努力。

副课文

关天培抗英殉命

关天培，字滋圃，江苏山阳人。由行伍洊（jiàn）升太湖营水师副将。道光十四年，授广东水师提督。时英吉利通商渐萌跋扈，兵船阑入（违禁侵入）内河，前提督李增阶以疏防黜（撤职），天培代之。至则亲历海洋厄塞，增修虎门、南山、横档诸炮台，铸六千斤大炮四十座，请筹操练犒赏经费。禁烟事起，偕总督邓廷桢侦缉甚力。

十九年，林则徐莅广东，檄天培勒趸船缴烟二万余箱焚之。于是严海防。横档山前海面较狭，可扼，铸巨铁练横系之二重，阻敌舟不能迳过。炮台乃得以伺击。则徐倚天培如左右手，常驻沙角，督本标及阳江、碣石两镇师船排日操练。七月，英舰突犯九龙山口，为参将赖恩爵击退。九月，二舰至穿鼻洋，阻商船进口，挑战。天培身立桅前，拔刀督阵，退者立斩。有击中敌船一炮者，立予重赏，发炮破敌船头鼻，敌纷纷落海，乃遁。

十月，敌以大舰正面来攻，小舟载兵从侧乘潮扑岸，歼之于山冈。复于迤东胡椒角窥伺，炮击走之。乃调集水陆兵守山梁，参将陈连升、赖恩爵、张斌，游击伍通标、德连等为五路，合同进攻。敌乘夜来犯，五路大炮齐击，敌舟自撞，灯火皆灭。侵晓了望，逃者过半，仅存十余舟远泊。次日，复有二敌舰潜进，随者十数，复诸路合击，毁其头船，遂散泊外洋。

及林则徐罢（撤职），琦善代之，一意主抚。至粤，先撤沿海防御，仅留水师制兵三分之一，募勇尽散。而英人要索甚奢，久无定议，战衅复起。十二月，英船攻虎门外沙角炮台，副将陈连升死之，大角炮台随陷，并为敌踞，虎门危急。天培与总兵李廷钰分守靖远、威远两炮台，请援，琦善仅遣兵二百。

二十一年正月，敌进攻，守台兵仅数百，遣将恸哭请益（增援）师，无应者。天培度众寡不敌，乃决以死守，出私财饷将士，率游击麦廷章昼夜督战。敌入三门口，冲断椿练，奋击甫退。南风大作，敌船大队围横档、永安两炮台，遂陷。进攻虎门，自巳至酉，杀伤相当。而炮门透水不得发，敌自台后攒击，身被数十创。事急，以印投仆孙长庆，令去。行未远，回顾天培已殒绝于地，廷章亦同死，炮台遂陷。

——《清史稿·列传一百五十九》

思考与训练

1. 如果像林则徐、左宗棠、邓世昌、关天培这种力主抵御列强侵略的重臣将帅，能够主导朝廷的大政方针，清末中国备受列强宰制、掠夺的命运，你认为会有所改变吗？洋务大臣所发起的工业化运动，你认为会成功吗？为什么？

____

____

____

2. 仔细阅读下文《关天培抗英殉命》，在括号里填上后边行为的主语。

敌以大舰正面来攻，（　　）小舟载兵从侧乘潮扑岸，（　　）歼之于山冈。（　　）复于迤东胡椒角窥伺，（　　）炮击走之。（　　）乃调集水陆兵守山梁，参将陈连升、赖恩爵、张斌，游击伍通标、德连等为五路，合同进攻。

（　　）进攻虎门，自巳至酉，杀伤相当。而炮门透水不得发，敌自台后攒击。（　　）身被数十创。事急，（　　）以印投仆孙长庆，（　　）令去。（　　）行未远，（　　）回顾天培已殒绝于地，廷章亦同死，炮台遂陷。

第二十课 水稻

〔明〕宋应星

题解

课文先后介绍了水稻的种类、生长特性、种植过程、丰产条件、积肥方法等，是一份指导农业生产的教科书。

人物故事

宋应星（1587—约1666）：字长庚，江西奉新人，明末清初大科学家、思想家，《天工开物》作者。与其兄宋应升皆科场不利，长期担任升斗小吏。清兵入关后，宋应升自杀殉国，宋应星隐居不仕。宋应星一生致力于农业和手工业的考察与研究，对生产流程和工艺经验做了总结性概括。《天工开物》描述了诸如机械、砖瓦、陶瓷、硫黄、烛、纸、兵器、火药、纺织、染色、制盐、采煤、榨油等生产技术，农业方面对水稻浸种、育种、插秧、耘草等生产全过程也有详尽记载，被誉为“中国17世纪工艺百科全书”。

主课文

凡稻，种最多。不粘[1]者，禾曰秔[2]，米曰粳[3]。粘者，禾曰稌[4]，米曰糯（南方无粘黍，酒皆糯米所为）。质本粳，而晚收带粘（俗名婺源光之类），不可为酒，只可为粥者，又一种性也。凡稻谷形有长芒、短芒（江南名长芒者曰浏阳早，短芒者曰吉安早）、长粒、尖粒、圆顶、扁面不一。其中米色有雪白、牙黄、大赤、半紫、杂黑不一。

湿种之期，最早者春分[5]以前，名为社种[6]（遇天寒有冻死不生者），最迟者后于清明。凡播种，先以稻麦稿[7]包浸数日，俟其生芽，撒于田中，生出寸许，其名曰秧。秧生三十日，即拔起分栽。若田亩逢旱干、水溢，不可插秧。秧过期，老而长节，即栽于亩中，生谷数粒，结果而已。凡秧田一亩所生秧，供移栽二十五亩。

凡秧既分栽后，早者七十日即收获（粳有救公饥、喉下急，糯有金包银之类，方语[8]百千，不可殚述）。最迟者历夏及冬二百日方收获。其冬季播种、仲夏即收者，则广南之稻，地无霜雪故也。

凡稻旬日失水，即愁旱干。夏种冬收之谷，必山间源水不绝之亩，其谷种亦耐久，其土脉亦寒，不催苗也。湖滨之田，待夏潦已过，六月方栽者，其秧立夏[9]播种，撒藏高亩之上，以待时也。

南方平原，田多一岁两栽两获者。其再栽秧，俗名晚糯，非粳类也。六月刈[10]初禾，耕治老膏田[11]，插再生秧。其秧清明时已偕早秧撒布。早秧一日无水即死，此秧历四五两月，任从烈日旱干无忧，此一异也。

凡再植稻遇秋多晴，则汲灌与稻相终始。农家勤苦，为春酒之需也。凡稻旬日失水则死期至，幻出[12]早稻一种，粳而不粘者，即高山可插，又一异也。香稻一种，取其芳气以供贵人，收实甚少，滋益[13]全无，不足尚[14]也。

凡稻，土脉焦枯则穗、实萧索[15]。勤农粪田，多方以助之。人畜秽遗，榨油枯饼（枯者，以去膏而得名也。胡麻、莱菔子[16]为上，芸苔[17]次之，大眼桐又次之，樟、桕[18]、棉花又次之），草皮木叶，以佐生机，普天之所同也（南方磨绿豆粉者，取溲浆[19]灌田肥甚。豆贱之时，撒黄豆于田，一粒烂土方寸，得谷之息倍焉）。土性带冷浆者，宜骨灰蘸秧根（凡禽兽骨），石灰淹苗足，向阳暖土不宜也。土脉坚紧者，宜耕垄，叠块压薪而烧之，填坟松土不宜也。

（选自《天工开物·乃粒》）

注释

［1］粘（nián）：同“黏”，如胶或糨糊具有附着性，形容词。粘作动词时念 zhān。

［2］秔（jīng）：同“粳”。

［3］粳（jīng）：稻的种类，与“糯”对举，包含了大多数稻类。米粒宽而厚，近圆形，米质黏性强，胀性小。

[4] 稌（tú）：稻的种类，常特指糯稻。

[5] 春分：二十四节气之一。

[6] 社种：古时以立春之后第五个戊日为春社，时在春分之前。

[7] 稿：秸秆。

[8] 方语：方言。

[9] 立夏：二十四节气之一。

[10] 刈（yì）：割草，此处指割稻禾。

[11] 膏田：肥沃之田。

[12] 幻出：变化出。

[13] 滋益：滋生、增衍。

[14] 尚：推崇。

[15] 穗、实萧索：谷穗稀疏，谷粒不饱满。

[16] 莱菔（fú）子：萝卜子。

[17] 芸苔：油菜。

[18] 桕（jiù）：即乌桕树。落叶乔木，种子外有白蜡层，用来制造蜡烛。叶可做黑色染料。皮、叶均可入药，可解毒、利尿。

[19] 溲（sōu）浆：发酵的液体。

参考译文

水稻，种类最多。不黏的，禾叫秔稻，米叫粳米；黏的，禾叫稌稻，米叫糯米（南方无黏黍，酒都是用糯米酿制的）。本来属于粳稻，晚熟且带黏性的（俗名叫“婺源光”一类），不能做酒，只能煮粥，这是另一个稻种。稻谷颗粒形状，有长芒、短芒（江南称长芒稻为“浏阳早”，短芒稻为“吉安早”）、长粒、尖粒、圆顶、扁粒等多种不一。其中米的颜色有雪白、淡黄、大赤、半紫和杂黑等多种。

浸种期，最早的是在春分以前，叫作社种（遇天寒有冻死不长者），最晚的则在清明以后。播种时，先用稻草或麦秆包好种子，放在水里浸泡几天，等发芽后再撒播到秧田里。苗长到一寸多，就叫作秧。秧龄满 30 天，即可拔起分插。稻田遇干旱或水涝，都不能插秧。秧苗过了育秧期就会变老而拔节，这时即使再栽到田里，结谷也就稀疏几粒。一亩秧田所育秧苗，通常可供移栽 25 亩田。

插秧后，早熟品种约 70 天即可收割（粳稻有“救公饥”“喉下急”，糯稻有“金包银”等品种。各地的品种叫法多样，难以尽述）。最晚熟的品种，从夏到冬历经 200 多天才能收割。有冬季播种、夏季五月收割者，那是广东南部的水稻，因为那里终年无霜雪。

水稻缺水十天，就干旱受伤。夏种冬收的水稻，须种在山间水源不断的田里。这类稻生长期长，土温也低，禾苗长势慢。湖边田地，等到夏季洪水过后，大约六月才能插秧。其秧苗应在立夏时节播种，选择地势较高的秧田，等汛期过后插秧。

南方平原，水稻多一年两栽两熟。二季稻俗称晚糯，不是粳稻。六月割完早稻，犁耙稻田，插晚稻秧。晚稻秧在清明就和早稻秧同时播种。早稻秧一天缺水就会死，晚稻秧经四、五两月，不怕曝晒和干旱。品种很特别。

晚稻遇到秋高气爽天气，要经常灌水。农家辛劳，为酿造春酒之需。水稻本不可缺水，后来却从中演化出一种旱稻，是不黏的粳稻，即使高山也可种植，这又是一种变异品种。还有一种香稻，由于它有芳香，专供富贵人享用。然产量很低，不分蘖发棵，不值得提倡推广。

水稻若栽在贫瘠田里，则稻穗稀疏，谷粒不饱满。农民千方百计增进稻田肥力。人畜的粪便、榨了油的枯饼（“枯”因榨去油而得名。其中芝麻籽饼、萝卜籽饼最好，油菜籽饼稍稍次之，油桐籽饼又次之，樟树籽饼、乌桕籽饼、棉花籽饼再次之）、草皮、树叶，都可增肥增产，全国各地皆同（南方磨绿豆粉的农民，用发酵浆液浇灌稻田，肥效甚好。碰上豆子便宜时，将黄豆撒在稻田里，一粒豆可肥田方寸，收益甚多）。土性寒凉的冷水田，稻秧根要蘸上骨灰（禽、兽骨均可），再用石灰撒于秧脚。向阳的暖水田则不必如此。对于土质坚硬的田，应该把它耕成垄，将土块堆放在柴草上烧，对黏土和土质疏松者则不必如此。

赏析与写作指导

水稻种植起源于中国

古语云：君以民为天，民以食为天。明末，水稻产量占中国粮食作物总产量的70%，其重要性可想而知。

古人提出麻（麻籽为食用油原料）、黍、稷、麦、菽为五谷，即五种主要粮食作物，其中却无水稻，为何？宋应星解释说，水稻在古代主要是南方作物，而提出五谷概念的，都是生活在西北干旱地区的古代圣贤。那时北方尚无种植水稻的条件，故水稻未被他们列入五谷之中。后人重编的五谷，删去麻，加上稻，成为稻、黍、稷、麦、菽。

水稻是草本稻属植物的一种，一年生，禾本科，单子叶，性喜温湿，成熟时约有 1 米高，叶子细长，宽约 2—2.5 厘米。稻粒大小在 5—12 毫米长，厚度 2—3 毫米。

水稻种植起源于长江中下游地区。近年考古成果证明，长江中下游地区的水稻栽培历史，可是追溯到距今 18000—14000 年前。江西万年仙人洞遗址、湖南道县玉蟾岩遗址、浙江浦江上山遗址，都有史前种植水稻的考古发现。7000 年前，水稻在这一带大面积种植推广，后来逐步传遍全世界。如今水稻种植遍布中国南北方，包括台湾地区、长江流域、黄河流域、黑龙江流域等，以及日本、朝鲜半岛、东南亚、南亚、地中海沿岸、美国东南部、中美洲、大洋洲和非洲部分地区。中国科学家袁隆平，培育出杂交水稻优质品种，大大提高了水稻的产量，为解决中国粮食问题和全世界饥饿问题，做出了巨大贡献。今日世界，近一半人口以稻米为主食。

水稻种植不但需要丰富的天文学、气候学、物候学、植物学知识，还需要完整的技术体系和工具体系的支持，同时还需要社会化合作。所以，中国水稻种植史，从一个侧面显示了中国文明灿烂辉煌的综合成就。

水稻的培育与种植，对人类的生产方式、家族制度、居住模式、社会组织模式、政治及行政模式、文化性格，都有着决定性的作用。中国文化是在最先进的农业技术和农业生产方式基础上积累而成的，而农业技术和农业生产方式，又是在种植稻、黍、稷、麦、菽等多种农作物基础上积累而成的。所以，水稻和五谷种植，乃是保障中华民族繁衍、养育中国文化成长的基础的基础。

民以食为天，粮食是人类一切文明、文化得以产生、成熟的前提。本文隆重介绍水稻的生产，乃是向中国文化所赖以形成的粮食种植业致敬，向千万年来用辛勤、艰苦劳动（农家勤苦）养育着整个民族的农民致敬。

延伸知识

神奇的二十四节气

宋应星讨论水稻生产过程时，先是提到“湿种（浸种）之期，最早者春分以前”，后来又提到某个品种“其秧立夏播种”。“春分”“立夏”是二十四节气中两个节气。宋应星的叙述，显示了农业生产对二十四节气知识的自觉应用。

何谓二十四节气？

中国古代，具有十分发达的天文观测研究，积累了丰富的历法、气候、物候知识。由于农业生产与天文、物候现象密切相关，古人逐步总结出一套有关季节演变发展的二十四节气知识，用以指导农业生产。古人将冬至到夏至再到冬至之间的时间段（约 365.25 日），分割为 24 段（每段约 15 日 2 时 5 刻），每段起始于一个节气，全年共二十四节气。依次为：冬至、小寒、大寒、立春、雨水、惊蛰、春分、清明、谷雨、立夏、小满、芒种、夏至、小暑、大暑、立秋、处暑、白露、秋分、寒露、霜降、立冬、小雪、大雪。

二十四节气与春夏秋冬四季密切对应。立春到立夏前为春季，立夏到立秋前为夏季，立秋到立冬前为秋季，立冬到立春前为冬季。

地球绕太阳公转一周为一年，地球在公转轨道（黄道）上每前行 15°，古人命名一个节气。二十四节气分别对应地球在黄道上所处的 24 个位置。

二十四节气知识体系在中国先秦时期已经成熟，到汉代被确立为用来指导农事的补充历法，从此沿用 2000 多年，对中国社会的农业生产、民俗、思维，具有深刻影响。

2016 年 11 月 30 日，二十四节气被正式列入联合国教科文组织《人类非物质文化遗产代表作名录》。在国际气象界，二十四节气被誉为“中国的第五大发明”。

了解二十四节气，对于阅读古代典籍、理解中国传统文化，具有非常重要的基础意义。以下是一首节气歌。

立春梅花分外艳，雨水红杏花开鲜；

惊蛰芦林闻雷报，春分蝴蝶舞花间。

清明风筝放断线，谷雨嫩茶翡翠连；

立夏桑果像樱桃，小满养蚕又种田。

芒种玉秧放庭前，夏至稻花如白练；

小暑风催早豆熟，大暑池畔赏红莲。

立秋知了催人眠，处暑葵花笑开颜；

白露燕归又来雁，秋分丹桂香满园。

寒露菜苗田间绿，霜降芦花飘满天；

立冬报喜献三瑞，小雪鹅毛片片飞。

大雪寒梅迎风狂，冬至瑞雪兆丰年；

小寒游子思乡归，大寒岁底庆团圆。

副课文

冯子材抗击法寇

冯子材，字翠亭，广东钦州人。

闻谅山警，亟赴镇南关，而法军已焚关退。龙州危棘，子材以关前隘跨东西两岭，备险奥，乃令筑长墙，萃所部扼守，遣王孝祺勤军军其后为犄角。敌声某日攻关，子材逆料其先期至，乃决先发制敌。潘鼎新止之，群议亦不欲战。子材力争，亲率勤军袭文渊，于是三至关外矣。宵薄敌垒，斩虏多。

法悉众分三路入，子材语将士曰：“法军再入关，何颜见粤民？必死拒之！”士气皆奋。法军攻长墙亟，次黑兵，次教匪，炮声震山谷，枪弹积阵前厚寸许。与诸军痛击，敌稍却。

越日复涌至，子材居中，元春为承，孝祺将右，陈嘉、蒋宗汉将左。子材指麾诸将使屹立，遇退后者刃之。自开壁持矛大呼，率二子相荣、相华跃出搏战。诸军以子材年七十，奋身陷阵，皆感奋，殊死斗。关外游勇客民亦助战，斩法将数十人，追至关外二十里而还。越二日，克文渊，被赏赉。连复谅城、长庆，擒斩三画、五画兵总各一，乘胜规拉木，悉返侵地。

越民苦法虐久，闻冯军至，皆来迎，争相犒问。子材招慰安集之，定剿荡北圻策。越人争立团，树冯军帜，愿供粮运作向导。北宁、河内、海阳、太原竞响，子材亦毅然自任。于是率全军攻郎甲，分兵袭北宁。

而罢战诏下，子材愤，请战，不报（批复），乃挈军还。去之日，越人啼泣遮道，子材亦挥涕不能已。入关至龙州，军民拜迎者三十里。命督办钦、廉防务，会办广西军务，晋太子少保，改三等轻车都尉。

二十八年，病免。明年，广西土寇蜂起，岑春煊请其出治团防。方募练成军，率二子以进，而遘（gòu，遇）疾困笃。未几，卒，年八十六，谥勇毅，予建祠。

——《清史稿·列传二百四十六》

思考与训练

1.“勤农粪田，多方以助之。人畜秽遗，榨油枯饼（枯者，以去膏而得名也。胡麻、莱菔子为上，芸苔次之，大眼桐又次之，樟、柏、棉花又次之），草皮木叶，以佐生机，普天之所同也(南方磨绿豆粉者，取溲浆灌田肥甚。豆贱之时，撒黄豆于田，一粒烂土方寸，得谷之息倍焉)。”农民为了增肥增产，想尽一切办法，不辞辛劳，努力为之。这对学生、教师、工人、科学家、官员做好自己的工作有何启示?

____

____

____

2. 请将副课文《冯子材抗击法寇》中如下句子翻译为白话文。“而罢战诏下，子材愤，请战，不报（批复），乃挈军还。去之日，越人啼泣遮道，子材亦挥涕不能已。入关至龙州，军民拜迎者三十里。命督办钦、廉防务，会办广西军务，晋太子少保，改三等轻车都尉。”

____

____

____

凤凰联动出品